JESUS
O verbo encarnado

ANTONIO LIMA DOS SANTOS

JESUS
O verbo encarnado

Reflexões catequéticas sobre a vida de Jesus

EDITORA

SANTUÁRIO

DIREÇÃO EDITORIAL:
Pe. Marcelo C. Araújo

EDITOR:
Avelino Grassi

COORDENAÇÃO EDITORIAL:
Ana Lúcia de Castro Leite

COPIDESQUE:
Camila de Castro S. dos Santos

REVISÃO:
Benedita Cristina G. N. da Silva
Leila Cristina Dinis Fernandes

DIAGRAMAÇÃO E CAPA:
Mauricio Pereira

Dados Internacionais de Catalogação na Publicação (CIP)
(Câmara Brasileira do Livro, SP, Brasil)

Santos, Antonio Lima dos
    Jesus, o verbo encarnado: reflexões catequéticas sobre a vida de Jesus /
Antonio Lima dos Santos. - Aparecida, SP: Editora Santuário, 2013.

    Bibliografia
    ISBN 978-85-369-0298-2

1. Catequese - Igreja Católica 2. Evangelização 3. Jesus Cristo - Pessoa e
missão I. Título.

13-03191   CDD-232.8

Índices para catálogo sistemático:

1. Jesus Cristo: Pessoa e missão: Cristologia 232.8

Composição, CTcP, impressão e acabamento:
Editora Santuário - Rua Pe. Claro Monteiro, 342
12570-000 – Aparecida-SP – Tel. (12) 3104-2000

Sumário

Prefácio

Preciosas publicações sobre a **peregrinação terrena** de Nosso Senhor Jesus Cristo, bem como sobre suas **magníficas parábolas**, enriquecem cada dia o acervo colocado pela Divina Providência à disposição dos fiéis e de todas as pessoas interessadas num conhecimento mais aprofundado do Divino Mestre e de sua doutrina. E jamais podemos dizer "basta" em argumento tão vasto e, por certo, inesgotável.

Eis que agora, em plena efervescência da nova evangelização e da catequese, dentro da Igreja, aparece esta obra muito oportuna para o momento e que desde o seu título nos atrai a atenção: *Jesus: o Verbo Encarnado – Reflexões catequéticas sobre a vida de Jesus*, com publicação pela Editora Santuário.

Os títulos de cada capítulo, muitos deles bastante originais, estimulam a uma leitura atraente e rica de informações com base nos santos Evangelhos, na doutrina da Igreja, bem como em obras atualizadas de dados sobre o ambiente sociocultural do Filho de Deus feito homem e inserido no contexto humano.

São obras que não visam apenas a uma aproximação de Jesus sob o ponto de vista intelectual, mas também, e sobretudo, uma aproximação por meio do ponto de vista afetivo, com repetidas referências ao seu Sagrado Coração.

O autor, nosso caro professor Antonio, apresenta um grande trabalho no qual podemos acompanhar passo a passo o Divino Mestre, mergulhado na convivência do dia a dia com seu povo e ao mesmo tempo rodeado por um clarão inconfundível, e acompanhá-lo igualmente ao proferir suas magníficas parábolas, providas de excelentes comentários de aspecto religioso e cultural.

Que seja para todos realmente uma leitura agradável e proveitosa, conduzindo-nos para mais perto daquele que é "o Caminho, a Verdade e a Vida" (Jo 14,6).

Dom Werner Siebenbrock
Bispo de Governador Valadares, MG

Apresentação

Diante de nós, modesto trabalho feito com dedicação e amor.

O estilo é coloquial, por vezes epistolar, com o uso constante do "eu" em lugar do "nós majestático", bem como de expressões da linguagem familiar.

Baseio-me no decurso da exposição, não apenas em citações bíblicas, mas também em fontes respeitáveis sobre o ambiente sociocultural dos tempos de Jesus, mostrando-o realmente Deus feito homem inserido no contexto humano aqui na terra.

Com relação ao texto bíblico, observo que, sem perder de vista outras traduções, sigo normalmente a da Bíblia Sagrada de Aparecida, da Editora Santuário.

Neste momento, além de agradecer a Deus e a todos que, de algum modo, concorreram para que meu modesto trabalho fosse composto e publicado, peço de coração ao Senhor que a estes plenifique com suas bênçãos mais escolhidas.

Espero que, percorrendo estas páginas, cada leitor possa, por meio da experiência da presença de Jesus e pela apresentação fiel de suas palavras e de seus atos, expressar-se com relação ao que foi lido, tal qual o salmista no tocante à Lei Divina: "Como são doces ao meu paladar vossas promessas, mais que o mel para minha boca" (Sl 119/118).

O autor

1

Um Menino nasceu para nós!

Expressivo texto do profeta Isaías (Is 9,5): *um Menino nasceu para nós!* Alegria incontida. Cantam anjos sobre nossas cabeças: *glória a Deus no mais alto dos céus!*

Sim, *nasceu para nós um Menino! Deus-salvador!* Tal o sentido de seu santo nome *Ieshua,* em hebraico. Por obra do Espírito Santo, conforme o anúncio do arcanjo Gabriel, a Virgem Maria o concebeu e o deu à luz.

Jesus, nome acima de qualquer nome. Nos ouvidos, doce música. Na boca, mel delicioso. Nome que reanima, conforta, renova a alegria de viver. Luz para nossos passos. A bendita mãe apresenta-nos o menino envolvido em paninhos, recém-nascido numa daquelas grutas de Belém, humilde cidade a 8 km de Jerusalém. Com ela, o carpinteiro José, seu esposo. Visualize: gruta servindo de estábulo para animais. Escuridão. Mau cheiro.

Não foi possível encontrar lugar para ele e os pais no amplo pátio cercado de muro, com apartamentos e dormitórios no interior para hospedagem do pessoal acorrido para se recensear, por ordem do Imperador Romano César Augusto.

Com esses começos se esboçam as linhas principais de toda a vida de Jesus aqui na terra. Sua pátria estava de ponta a ponta dominada pelo Império Romano. Por toda parte, havia soldados armados, dispostos a afogar no sangue qualquer movimento de revolta contra o opressor. Do ponto de vista econômico-social, uma enorme massa de trabalhadores de baixa renda, de pobres, de miseráveis, incluindo escravos, defrontava-se com o reduzido número de grandes proprietários de terras e ricos negociantes. No ponto de vista religioso, seus líderes se contentavam com religião de aparências e oprimiam o povo com deveres baseados nas tradições puramente humanas, explorando-o inclusive sob o ponto de vista econômico. É de admirar como os de menos recursos conseguiam subsistir com a sucção desumana de quanto lhes chegasse às mãos pelos impostos oriundos tanto do poder romano, como das próprias autoridades locais.

Já adulto, Jesus não desprezará os ricos, pois mulheres abastadas, como Joana, mulher de Cuza, procurador de Herodes, o sustentarão na sua vida de andarilho pregador, norte a sul de sua terra, mas Ele reservará um lugar especial no coração para os mais pobres, os mais humildes.

Ele será amado e perseguido desde o berço. Veja! Desprezados pastores são os primeiros a visitá-lo, mas em seguida virão os Magos, ricos sábios do Oriente, com presentes de valor. Muitos no futuro darão a vida por amor a Ele. Mas Herodes o quer logo matar, com medo de que seja o prometido *Rei dos Judeus* que iria destroná-lo. E o pequeno Jesus tem de ser levado às carreiras para o Egito para não ser morto. Fugir! E como terá vivido em sua pobreza com os pais na terra estranha? Sim, retornará pouco tempo depois para sua terra, porém, fugindo de novo para não ser morto por Arquelau, filho e sucessor de Herodes.

Podemos cantar, como Afonso Maria de Ligório:

> Tu desces das estrelas,
> ó Rei do Céu,
> e vens para uma gruta,
> para o frio, para o gelo.
> Ó Menino, meu Divino,
> eu te vejo aqui tremendo.
> Ó Deus bendito,
> quanto te custou
> ter-nos amado!

> *(Tu scendi dalle stelle)*

Exigências de um amor exigente!

2

Abençoados evangelistas

Muitos quadros trazem o símbolo de cada evangelista com base em Ezequiel (Ez 1,10).

Um anjo com feições humanas simboliza Mateus, porque seu Evangelho começa com a genealogia de Jesus. O leão simboliza Marcos, pois seu Evangelho se inicia com o Batista pregando no deserto. A águia simboliza João, cujo Evangelho começa com voo de águia rumo à Santíssima Trindade. O touro nos remete a Lucas, pois ele parte dos sacrifícios de touros no templo, ao referir-se a Zacarias, pai do Batista.

Agradeçamos, primeiramente, ao Divino Espírito Santo, porque inspirou esses homens a escrever sobre a vida terrena de Jesus. Ele, o Filho de Deus feito homem, o Emanuel, Deus conosco.

Temos, certamente, até obras pagãs dos primórdios do cristianismo que falam de Jesus, mas indiretamente. Também dele falam os Evangelhos "apócrifos" – não aceitos como inspirados. Estes, porém, com elementos por vezes ridículos, foram escritos aproximadamente 150 d.C., enquanto nenhum dos quatro Evangelhos se deixa datar após o ano 100 d.C.

Entre os cristãos, há páginas que falam do Mestre, com vibrantes referências a sua morte e Ressurreição. Mas onde nos informar devidamente sobre seus passos na terra, sua doutrina, suas obras, senão nos escritos dos quatro evangelistas? Dos mesmos, Mateus e João conviveram com Jesus; Marcos e Lucas foram informados sobre Ele respectivamente por Pedro e Paulo.

Nosso profundo reconhecimento, pois, a ti, ó Mateus, porque nos transmitiste, além do mais, o sermão da montanha, em que se traçam as diretrizes de uma humanidade vivendo como uma só família imensamente feliz na casa do Pai, já neste mundo.

Também a ti, ó Marcos, porque com teu estilo rude nos faz reviver o embate vitorioso entre Jesus e seus ferrenhos adversários.

Igualmente a ti, ó Lucas, porque, entre outros benefícios, nos fazes sentir de perto a misericórdia do Pai na *Parábola do Filho Pródigo*, o amor de Jesus para com os marginalizados, os extremos da caridade na *Parábola do Bom Samaritano*.

Bem como a ti, ó João, que nos fazes vivenciar a Deus como amor e a Jesus como o Filho de Deus feito homem; ver a luz, a água, a videira, o pão transfigurados em magníficos símbolos Mestre.

E a vós, ó Mateus e Lucas juntos, por nos dardes saborear os prodígios e a rotina do dia a dia da infância de Jesus, ao lado de José e de Maria.

E a vós, Mateus, Marcos, Lucas e João, conjuntamente, pelas informações sobre a *Sagrada Ceia*, os passos da dolorosa *Paixão* e *Glorificação* de nosso amado Mestre.

3

Mosaico

Mosaico. É assim que denomino este capítulo, pois condenso nele vários itens para depois seguirmos firmes sobre os passos de Jesus, informando-nos o mais possível sobre eles com base nos quatro evangelistas, mas valendo--nos, inclusive, de tradições fundamentadas, documentários dos costumes de seu tempo e dados arqueológicos.

Um dos primeiros itens que chamam a atenção é o da idade de Maria no casamento. Os Evangelhos silenciam, mas, pelos costumes do tempo em sua terra, podemos pensar que ela deve ter se casado com seus 14 anos de idade. Os meninos casavam entre os 18 e 20 anos.

E com que idade José se casou com Maria? Nada se sabe. Em virtude da concepção virginal de Jesus, não faltou quem imaginasse José como alquebrado viúvo, destinado apenas a proteger o voto de castidade perpétua de Maria. Nada disso tem base, como não têm base as descrições da milagrosa escolha dele, com o aparecimento, por exemplo, de uma pomba sobre seu cajado, tal qual lemos no apócrifo *Protoevangelho de Tiago*.

Aliás, tudo isso tem pouca importância para a nossa salvação. Bastam, no caso, os dados à disposição em Mateus (capítulos 1 e 2) e em Lucas (capítulos 1 e 2).

O que não está nos Evangelhos constitui, entretanto, motivo de compreensível curiosidade, pois quem ama deseja saber o mais possível da pessoa amada.

Diga-se de passagem, os apócrifos não podem simplesmente ser desprezados, pois guardam traços dos hábitos populares próximos da passagem de Jesus na terra; de outro lado, veja, por exemplo, que poesia no episódio de José repreendendo o Menino por fazer passarinhos de barro no sábado, violando, assim, a lei do repouso sabático, e ele simplesmente bater as mãozinhas e fazer os pássaros voarem! *(Apócrifo de Tomé)*

– Xô! Xô! Passarinhos!

Outro item importante é o da fuga de José e Maria com o Menino para o Egito e seu retorno. Os apócrifos a enfeitam: palmeiras que se curvam à passagem da Sagrada Família para lhe oferecerem os frutos; leões e leopardos indo-lhe à frente para mostrar o caminho. Nada mais que lindas e sugestivas criações da religiosidade popular.

Quanto a nós, sirvamo-nos de tudo, mas especialmente dos dados fornecidos pelos quatro evangelistas, para adorarmos o mistério de Verbo divino feito homem; imitarmos a humildade de Maria, os cuidados de José com o pequeno e sua Mãe; compenetrar-nos dos sofrimentos de Jesus, por nosso amor, já desde criança.

4

Em Nazaré

A casa da Sagrada Família, como tantas outras da desprezada cidadezinha agrícola de Nazaré, não devia passar de uma gruta com paredes externas branquinhas e teto achatado.

Os compatriotas de Jesus viviam da ideia de fazer parte do Povo de Deus, que tinham como amado e temido Pai. As orações diárias eram cinco. Duas bastante longas. O sábado era para Deus: nada de trabalho e eles permaneciam na sinagoga da aurora ao meio-dia, orando e estudando a Bíblia.

Festas religiosas: muitas; e os homens, só eles, desde os 12 anos de idade e morando a um dia de viagem, eram obrigados a ir a Jerusalém três vezes ao ano: Páscoa, Pentecostes e Tendas.

Com cinco ou seis anos, Jesus foi levado por Maria à escola diariamente, cedinho, como outros meninos. Lá ficava até a hora sexta (meio-dia). Com cinco anos de escola, aprendeu a ler, a decorar a Bíblia em hebraico (a Torá: a Lei, cinco livros) mediante a repetição em coro com os colegas. Língua falada, o aramaico. Nada de férias. Depois da alfabetização e dos estudos bíblicos, Jesus, com seus

12 ou 13 anos, deve ter passado para o segundo ciclo, com mais dois anos de estudo das tradições orais ligadas à Torá. As aulas, nesse ciclo, eram de manhã e de tarde. Jesus, em seguida, aprendeu, como de costume, o ofício do pai, carpinteiro. Estudos superiores, para poucos.

Nessa quadra, segundo Lucas 2,41-52, deu-se o episódio de Jesus perdido e depois encontrado entre os doutores, com tremendo choque para José e Maria, piedosa mãe a refletir sobre os fatos ligados ao Menino, acontecendo a seguir o mergulho dele na vida oculta em Nazaré, da qual se tem notícia apenas de seu progresso no tamanho, na sabedoria, na graça diante de Deus e dos homens, bem como de sua submissão aos pais.

Para as mulheres nada de estudos. Suas obrigações como esposas eram: apanhar água de manhã na fonte comum; cozinhar o pão de cada dia, depois de moer o trigo com pesadas mós; tecer, cuidar da casa; lavar o rosto, os pés e as mãos do marido; esperar em pé, servindo-o, até ele acabar de comer. O marido, normalmente, gostava de vê-la bem vestida e bem nutrida. Esta, contudo, podia ser obrigada a conviver na mesma casa com outras esposas dele.

Jesus mudou esse modo de pensar, pois muito reconheceu do valor da mulher, admitindo, inclusive, muitas delas em sua companhia como discípulas, algo inconcebível naqueles tempos.

5

O calendário da vida de Jesus

Admirável o quadro do pintor francês Nicolas Poussin (1594-1665): *A dança das horas*. No alto, o deus Apolo, símbolo da sabedoria, ostentando o círculo da eternidade, voa num coche dourado, seguido por ninfas e pelas Horas, deusas das estações. Aurora, sua irmã, à frente, orienta o grupo.

Dançarinos: a *Sensualidade*, a *Riqueza*, a *Pobreza* e o *Equilíbrio*. No ângulo inferior, à esquerda, uma criança soprando bolhas; no inferior à direita, outra criança brincando com uma ampulheta; um pouco acima desta, um velho de asas dedilha um instrumento: é o Tempo. Ele executa a música do bailado da vida, ele que gera e consome os filhos, uma vez que produz e destrói tudo o que produz. De volta à esquerda, uma coluna com figura de duas cabeças, uma para trás, outra para frente; é o deus Jano, que vê o passado e o futuro.

A grande lição: nesta vida tudo passa, como a bolha de sabão que explode no ar; a areia que escorre na ampulheta; os passos da dança.

Assim, é compreensível não terem os evangelistas registrado data alguma da vida de Jesus. Eles, na verdade, preocupavam-se mais com o eterno, a boa nova da morte redentora e glorificação dele, do que com os dados temporais de sua passagem em nosso planeta.

Na impossibilidade, pois, do conhecimento dessas datas, contentemo-nos com aproximações baseadas na astronomia, em documentos fornecidos por historiadores, sobretudo Joseph Flávio, e em pistas oferecidas pelos próprios evangelistas.

Assim, alguns dados:

Nascimento de Jesus: aproximadamente sete anos antes do começo da era cristã! Chocante absurdo este, porém consequência de um erro nos cálculos do célebre monge Dionísio, o pequeno, fazendo com que, desde o século VI, tal começo fosse fixado anos após o nascimento de Jesus.

Desconhece-se, contudo, a data natalícia. O dia 25 de dezembro é apenas aquele em que, seguindo a liturgia romana, homenageamos o Mestre seu natal. A data da solenidade, aliás, é excelente, por observar-se então que o sol, com o solstício do inverno, vai finalmente vencer as longas noites da tenebrosa estação. Isso no hemisfério norte. Como sabemos, Jesus é o sol que ilumina a humanidade! Em tal data, os romanos celebravam as carnavalescas festas saturnais, em homenagem ao Sol Invicto, seu deus.

Adolescência: aos 12 anos de idade Jesus desaparece das vistas paternas, reaparecendo após três dias no templo (Lc 2,41-52). Com 30 anos (Lc 3,23), ou melhor, mais precisamente com 34 anos, Ele iniciou seu ministério público. Morreu com 37 anos, aproximadamente. No ministério público, sua primeira Páscoa em Jerusalém, calcula-se ter sido em março/abril do ano 28 da era cristã; a segunda, em março/abril de 29; a terceira, a de sua morte: abril de 30. Os judeus celebram a Páscoa sempre no dia 14 do mês de nissan, de seu calendário, em março ou abril do nosso, coincidindo com a lua cheia da primavera no hemisfério norte.

Assim, contentes com o pouco que podemos saber sobre as datas da vida terrena do querido Mestre, procuremos fixar-nos naquilo para onde de todo se lhe voltava o *Coração*: o estabelecimento do Reino de Deus aqui na terra, Reino de Justiça, de Paz e de Amor.

6

Santa curiosidade

Como era o dia de Jesus? Voltemos a Nazaré. O quadro oficial dos Irmãos da Sagrada Família representa Jesus ainda garoto na oficina de São José. Maria, sentada, costura ao lado; Jesus-menino tem um martelo na mão e José, do outro lado do banco de trabalho, cheio de ferramenta, estende a mão como a pedir a Jesus que lhe entregue o martelo.

Ele agora está crescido, podemos imaginá-lo acompanhando Maria à fonte ou observando-a na fabricação do pão. Chance para notar que um punhado de fermento leveda toda a massa, conhecimento que mais tarde usará na comparação com o Reino de Deus. Vai à escola. Aprende o ofício com José. E assim por diante, seguindo, certamente, em tudo, os sadios costumes civis e religiosos de seu povo.

Porém, dados concretos de sua vida após os 12 anos de idade, quando de seu desaparecimento em Jerusalém e reencontro no Templo, e dados concretos até o início de seu ministério, por volta dos 30, não existem. Dos evangelistas, apenas consta que Ele voltou com os pais a Nazaré, onde, a eles submisso, ia crescendo em sabedoria, estatura e graça diante de Deus e dos homens (Lc 2,51-52).

Sua jornada, contudo, já no exercício do Sagrado Ministério, era pesadíssima e dados concretos o demonstram. Viajava constantemente de cidade em cidade. Nem orar sossegado, nem comer conseguia, às vezes, porque as multidões o assediavam (Mc 1,35-36; 3,20). Em Cafarnaum, abriram o teto chato da casa onde Ele estava, para fazer baixar até Ele um paralítico com cama e tudo, pois tinha tanta gente que não havia outro jeito de aproximação (Mc 2,1-12). Aqui e ali adversários o espreitavam com perguntas capciosas. Vida tão apertada que Ele declarava que as raposas tinham tocas e as aves do céu, ninhos, mas Ele não tinha onde descansar a cabeça (Mt 8,20).

Que língua Jesus falava? Não deve causar estranheza o pensamento de que Jesus, como homem, não soubesse tudo, porque afinal se Ele era Deus, onisciente, como homem tinha todas as humanas limitações, menos o pecado (Hb 4,15). Sua língua materna era aramaico, do qual encontramos palavras suas em Marcos, [*Talita cum*], ou seja, "Menina, eu te ordeno: levanta-te". Também a palavra [*Éfata*], que quer dizer "Abre-te", com que curou um surdo-mudo. O termo carinhoso [*Abbá*], algo como "Paizinho", dirigido a Deus (Mc 5,41; 7,34; 14,36). O hebraico, em decadência, é usado mais nos textos sagrados. Jesus, de certo, conhecia-o como rabino, e há referência de que Ele o lia na sinagoga de Nazaré (Lc 4,16). Grego também devia falar, sendo a língua mais divulgada depois do aramaico e tendo, inclusive, nas suas peregrinações missionárias, se dirigido a terras, como a Decápolis, onde tal idioma era o comum. Latim, menos usado por sua gente, possivelmente não falasse, embora a causa de sua condenação estivesse escrita nesse idioma: *Jesus Nazarenus Rex Judeorum*, e mais em grego e hebraico.

Aliás, pouco importa sabermos quantas línguas particulares o Mestre falava, pois dominava como ninguém a linguagem universal do amor, pela qual tem condições de se fazer entender por toda a humanidade e arrebatar para si o amor de todos os corações.

7

Jesus pede a João que o batize

Imagine que um dia, estando o Papa em uma de nossas igrejas – por ocasião de algumas de suas visitas ao Brasil –, de repente, ele se afaste do solene cortejo e se meta na fila das pessoas para se confessar. Que espanto, sobretudo para o confessor! Coisa parecida se deu com João Batista, ao ver no meio de todos aqueles "pecadores" que o procuravam para ser batizados também aquele que ele sabia ser o prometido Messias, o *Ungido do Senhor*. Metido naquela sua pele de camelo, com um cinto de couro à cintura, extenuado com o jejum a gafanhoto seco e mel silvestre, todo fogo naquela sua pregação violenta para que fossem evitados os castigos próximos de Deus, João Batista deve ter estremecido dos pés à cabeça. Ele, como futuramente Pedro ao ver Jesus prostrado a seus pés a fim de os lavar, de início recusou-se a satisfazer o estranho pedido: tratar o Ungido do Senhor, como um transviado, mergulhá-lo e erguê-lo da água como sinal de arrependimento dos pecados, sinal do início de uma vida nova, oposta à antiga pela prática do bem. Absurdo! João sabia que ele próprio não passava, segundo o profeta Isaías, de *uma voz preparando-lhe os caminhos no coração do povo*. João falava de si mesmo como indigno, até de lhe desatar, como um escravo, as correias dos calçados. Como agora essa inversão de valores? O Salvador sendo por ele batizado para ser salvo?! Desorientado, João nada entendia, como José e Maria também nada entenderam antes, quando Jesus adolescente desapareceu e depois de três dias foi encontrado e lhes respondeu, com um linguajar misterioso, que deveria cuidar das coisas de seu Pai.

Mistérios de Deus! Sim, Jesus, naquela hora, diante de João Batista, estava assumindo sobre si os pecados da humanidade! Queria que João colaborasse com Ele no ato de cumprimento da "justiça", que era apresentá-lo, desde já, como aquele que cumpre e aprimora a Lei. E João obedeceu!

Uma vez batizado e saindo da água, Jesus pôs-se em oração. Ele era um homem de oração. Orava sempre. E, como outrora, no caso da Sarça ardente (Êx 3,1-6) e no Sinai (Êx 19,16-25), com Moisés, também se deu naquela hora solene uma Teofania, uma manifestação de Deus, como início do novo Israel do Senhor: os céus se abriram, o Espírito Santo apareceu em forma de pomba sobre Ele e se ouviu a voz do Pai para a humanidade:

"Este é meu Filho amado, de quem eu me agrado" (Mt 3,17).

Jesus agora se apresenta à humanidade *cheio do Espírito Santo* (Lc 4,1), como frisa São Lucas, o evangelista especialmente *devoto de Maria* e com o maior número de referências ao Espírito Santo.

8

Grandeza do precursor

Um quadro chocante do grande pintor italiano Caravaggio (1571-1610) retrata Salomé com a cabeça de João Batista num prato, o grande pregador do deserto às margens do Jordão, o Precursor do Messias, a quem batizou; aquele de quem Jesus tinha dito que não era nenhum caniço agitado pelo vento, nem alguém vestido com luxo, mas o maior de todos os homens da Antiga Aliança.

Assim, vingada estava Herodíades, aquela pela qual Herodes Antipas, tetrarca (governador) da Galileia, enlouquecera de paixão. Uma história horrorosa. Quando Herodes Antipas passou uma temporada em Roma em casa de seu irmão Filipe, também este filho de Herodes, o Grande – aquele da matança dos Inocentes –, apaixonou-se pela própria sobrinha, mulher e sobrinha do irmão Filipe, Herodíades, repudiando em seguida a legítima esposa, filha do rei Aretas IV da Arábia. Escândalo geral. O governador da Galileia vivendo maritalmente com a sobrinha e esposa do próprio irmão! Violação chocante do Levítico 20,21. Fofoca sobre fofoca. Quem, todavia, teria coragem de enfrentar Herodes Antipas, filho e herdeiro de Herodes, o Grande? João Batista o enfrentou com as célebres palavras: "Não te é permitido viver com ela" (Mt 14,4). Herodes, contudo, admirava João e gostava até de conversar com ele. Herodíades, porém, não o tolerava e, como uma serpente ameaçada, aguardava o momento do bote.

E o momento chegou, no dia das solenidades do aniversário natalício de Herodes. A filha de Herodíades, Salomé, dançou de modo tão alucinante, possivelmente a dança do ventre, que Herodes perdeu a cabeça e jurou que lhe daria tudo o que ela pedisse, mesmo a metade de seu reino. A moça consultou a mãe e o resultado não se fez esperar: dali a pouco recebeu ela num prato a cabeça decepada do Batista!

O horrendo episódio se deu numa das luxuosas salas de refeição do enorme e suntuoso palácio anexo à fortaleza de Maqueronte, cujas ruínas existem ainda hoje e mandada construir por Herodes, o Grande. Fazia tempos que o Batista penava no cárcere ali existente e onde Herodes Antipas metia os desafetos.

Assim, terminaram heroicamente os dias do Precursor, com pouco mais de 30 anos, deixando o mais eloquente exemplo de austeridade, de fidelidade à missão recebida de Deus: *preparar os caminhos do Messias, de Jesus*, que já ia então levando adiante a tarefa do lançamento dos alicerces do Reino de Deus na terra.

9

Jesus tentado por Satanás

Jesus foi tentado pelos homens e por Satanás. Pelos homens? Sim! Exemplo: quando Pedro queria impedi--lo de falar de sua Paixão e morte redentora, planejada pelo Pai. A narrativa, contudo, mais chocante é a das três tentações transmitida por Mateus, Marcos e Lucas. Segundo ela, Jesus, depois de rigoroso jejum de 40 dias no deserto, para aí conduzido pelo Espírito Santo após o batismo, foi abordado por Satanás com propostas insinuantes.

A primeira tentação dá-se no deserto. Satanás aproveita-se da extenuante fome sentida por Jesus e o instiga a um milagre desnecessário. Devia haver por ali pedras com aparência de pães. Satanás: *"Se és o filho de Deus, manda que estas pedras se transformem em pães"*. E Jesus respondeu: *"Não só de pão vive o homem, mas de toda palavra que sai da boca de Deus"*.

Na segunda, Jesus é colocado por Satanás no pináculo do templo, isto é, numa cornija da fachada, em frente à multidão reunida para orar. Momento excelente para estrondosa demonstração de poderes sobrenaturais. Apelo à vaidade! Satanás: *"Se és o Fi-*

lho de Deus, lança-te lá embaixo, porque está escrito: Ele dará ordens a seus anjos a teu respeito, e eles te tomarão nas mãos, para que não tropeces com o pé em alguma pedra". E Jesus replicou: "Também está escrito: 'Não tentarás o Senhor, teu Deus'".

Não podemos provocar a Deus para que nos acuda em nossas maluquices!

Na terceira, magnificamente representada num quadro de Ary Cheffer (1795-1858), o diabo mostra do cume de uma montanha altíssima todos os reinos da terra. Apelo à tresloucada cobiça humana pelos bens materiais. Satanás: *"Tudo isto te darei se, prostrado, me adorares".* Jesus: *"Vai-te, Satanás, porque está escrito: 'Ao Senhor teu Deus adorarás e somente a ele prestarás culto'".* Então o diabo o deixa e os anjos se aproximam para servir Jesus (Mt 4,1-11).

Satanás pretendeu inutilmente desviar Jesus do projeto divino de implantar o autêntico Reino de Deus na terra em contraste com o messiânico sonhado então pelos judeus, através da libertação do poder romano e o domínio sobre os outros povos.

Tais cenas podem ter acontecido objetivamente ou como uma visão interior provocada pelo Espírito Santo, como aconteceu, por exemplo, com o profeta Ezequiel e João Evangelista.

Deserto! Impressionante área terrestre, em que o homem só, a terra sob os pés e céu por sobre a cabeça, é fortemente invadido pelo sentimento da presença de Deus.

Deserto que, não sendo possível frequentar na realidade, poderemos criar com a imaginação, sentindo-nos, desta forma, sós, unidos intimamente ao Pai, com Jesus vitorioso de todas as tentações e que tanto nos recomenda a vigilância e a oração para não nos deixarmos iludir por Belzebu e seus comparsas.

10

Preparação

Tinha chegado para Jesus o momento de deixar a vida obscura de seus 30 anos anteriores, para se lançar no campo da mais intensa atividade no anúncio do Reino de Deus, segundo os desígnios do Pai.

Ele, contudo, precisará da colaboração de homens para o desempenho da incomparável tarefa. Eis o que nos refere o Evangelho: "Naqueles dias, Jesus foi à montanha para rezar, e passou toda a noite em oração a Deus. Quando amanheceu, chamou seus discípulos e dentre eles escolheu doze, aos quais chamou de *apóstolos*: Simão, a quem deu o nome de Pedro; André, seu irmão; Tiago; João; Filipe; Bartolomeu; Mateus; Tomé; Tiago, filho de Alfeu; Simão, chamado o zelota; Judas, filho de Tiago e Judas Iscariotes que se tornou traidor" (Lc 6,12-16).

Mais perto da Paixão: "O Senhor designou outros setenta e dois discípulos e mandou-os, dois a dois, a sua frente, a todas as cidades e lugares aonde ele pensava ir" (Lc 10,1).

Os doze, sobretudo, por causa da posição de liderança, precisavam de um bom período de convivência, uma ligação de alma para alma com o Mestre. Que privilégio, então, para os assim agraciados poderem observá-lo de perto, as expressões de seu rosto, quase o pulsar de seu Sagrado Coração ao falar com o Pai em suas orações ou falar do Pai em suas instruções! Era tão impressionante o modo com que Jesus falava do Pai, que um dia Filipe, entusiasmado, lhe disse: "Senhor, mostra-nos o Pai e isso nos basta!" E Jesus o advertiu que ver o Mestre era como ver o Pai: "*Quem me viu, viu o Pai*" (Jo 14,8-9).

A eles ternamente e também com dureza mais de uma vez corrigiu-lhes as demonstrações de orgulho, pelo fato, por exemplo, de um querer ser superior ao outro, quando na realidade o serviço, a humildade, o espírito de simplicidade das crianças, é o caminho exclusivo do ingresso e da ascensão no Reino de Deus. Todos os seus incomparáveis ensinamentos sobre o tema, Ele os compendiou de modo chocante, a ponto de fazer estremecer a Pedro, quando na Última Ceia se agachou e começou a lavar os pés de cada um dos doze como se fosse um escravo (Jo 13,2-12).

Note que, embora não se fale de mulheres na escolha dos colaboradores mais próximos de Jesus, nem por isso podemos concluir que elas estavam privadas da intimidade com Ele. Basta pensar em sua convivência com a bendita Mãe desde os mais verdes anos de sua existência; em sua familiaridade, no lar de seus amigos Lázaro, Marta e Maria, em Betânia, registrando-se mesmo o episódio de Marta censurar o Mestre porque não mandava Maria ajudá-la na cozinha, e sim a deixava embevecida a ouvir--lhe as sagradas lições. Quanto a nós, aproveitemos o fato de, embora invisível, Ele se achar juntinho de nós na Eucaristia e em nossas orações comunitárias: "*Pois onde dois ou três estão reunidos em meu nome, ali estou eu no meio deles*" (Mt 18,20).

11

A força de um pedido

Estamos no vilarejo de Caná da Galileia, não longe de Nazaré. Trata-se de uma semana inteira de festa, por ocasião de um casamento, pois tal solenidade durava às vezes todo esse tempo. A parte principal era na casa do noivo. O vinho era tão importante que tal festa era também designada com uma palavra que significava festa do vinho. O pessoal adorava contar com o maior número possível de convidados. Que sucedeu então? Erraram no cálculo da quantidade de vinho! Imagine o aperto! Ali, cada convidado, como nos dias de hoje, em muitos casos, o que olhava mesmo era ser bem servido no copo e no prato.

No meio dos convidados, entretanto, havia também uma mulher extraordinária, de um coração sensível ao extremo, e muito ativa, que tratou logo de remediar a situação: Maria, a Mãe de Jesus. Este também tinha sido convidado e ali estava com seus discípulos.

A cena, como narrada no Evangelho, aparentemente chocante no começo, desenrola-se rapidamente para um desfecho maravilhoso. Quando Maria se aproxima do Filho e o põe a par da situação, a reação dele é de quem não quer saber de nada, nem parece valorizar tanto a intervenção da Mãe: *"Mulher, que importa isso a mim e a ti? Minha hora ainda não chegou!"* (Jo 2,4).

Para diminuir a má impressão de início, devemos considerar que a palavra "mulher", de acordo com o original grego e outros trechos da Bíblia, não é nada ofensivo e quer dizer "senhora". A mesma expressão Ele usa na hora da morte, ao apresentar Maria como Mãe de João e assim de toda a Igreja: *"Mulher, eis aí teu filho"* (Jo 19,26).

Jesus, naturalmente, não podia dar muito destaque ao lado carnal de sua filiação, para não prejudicar a atenção à verdade essencial de ser o Filho de Deus.

Agora, no fundo, no fundo, aqueles dois corações, da Mãe e do Filho, entendiam-se muito bem. Tanto assim que ela parece nem ligar para a reação do Filho e diz aos criados que façam tudo o que Ele mandar e, dali a pouco, enormes talhas que estavam cheias de água estão repletas do melhor dos vinhos, para admiração de todos e para aumentar a fé de seus discípulos em Jesus, a começar desse primeiro milagre.

Veja a bondade do Coração de Nossa Mãe do Céu e seu poder diante de seu Divino Filho. Quanto bem lhe devemos querer!

12

À beira do poço de Jacó

Impressionante o episódio.

Samaritanos e judeus se odiavam.

Era comum entre os judeus a opinião de que aqueles provinham de estrangeiros enviados pelo rei Sargão II da Assíria, para substituírem os judeus levados como escravos para seus domínios. É mais provável, contudo, que eles constituíssem uma mistura em minoria desses povos, com a grande maioria dos judeus não deportados.

Eles se julgavam o *verdadeiro Povo de Deus*. Mantinham como sua Escritura Sagrada somente os cinco livros da Bíblia judaica, a Torá. Tinham seus próprios sacerdotes e detestavam os dos judeus. Estes adoravam a Deus no templo de Jerusalém; os samaritanos construíram para seu culto um templo no monte Garizim, destruído depois pelos judeus. O rancor entre eles, coisa velha, fora incentivado pelo fato de os judeus, de volta do exílio da Babilônia, não permitirem aos samaritanos ajudá-los na reconstrução do templo de Jerusalém.

Existem ainda hoje cerca de 600 samaritanos nas encostas do Garizim. Na Páscoa, eles sacrificam cordeiros, como os judeus no tempo de Jesus. Eis em resumo o tocante episódio:

Por volta do meio-dia, Jesus, fatigado da viagem, para no antiquíssimo poço de Jacó, uns 30 metros de profundidade, e pede de beber a uma mulher samaritana que vem apanhar água. Ela estranha como, sendo Ele judeu, pede de beber a ela, desprezada samaritana. Mesmo porque, se Ele tocasse em qualquer objeto dela, só com isso seria tido como impuro pelos judeus. E Jesus, com a maior bondade, retruca-lhe dizendo: *"Se conhecesses o dom de Deus e quem é que te diz: 'dá-me de beber', tu é que lhe pedirias, e ele te daria água viva!"* (Jo 4, 10).

O Mestre anseia por plenificar aquele coração tão vazio. Ainda embrutecida em seu terra a terra, quando Jesus fala em dar-lhe da água viva (água corrente), que mata a sede para sempre – a graça de Deus, os dons do Espírito Santo –, ela pensa logo na água dos poços e quando Ele toca em sua vida particular, pedindo para chamar o marido, ela imediatamente muda de assunto para falar sobre religião. O amor do coração de Jesus, contudo, prevalece. Daí a pouco, ela alvoroçada, deixa a vasilha, corre para a cidade para dizer que tinha encontrado um homem que sabia tudo de sua vida. Não seria Ele o ansiado Messias? O pessoal corre atrás dela ao encontro de Jesus. Maravilhoso!

Mas por que não saborear diretamente na própria fonte (Jo 4,3-42) a narrativa do tocante episódio com todo o movimentado desfecho?

Mulher admirável essa samaritana, e como nela se verifica a verdade daquele dizer de Lisabeth Leseur: "Toda alma que se eleva, eleva o mundo!"

"Coração de Jesus, de cuja plenitude todos nós recebemos, tende piedade de nós!" (Da Ladainha do Coração de Jesus)

13

Para conhecer melhor o dom de Deus

O mais precioso *dom de Deus* é justamente o próprio Jesus, a quem precisamos conhecer sempre mais profundamente. Necessitamos para isso do socorro do Espírito Santo em ajuda a nossos próprios esforços. Daí o recurso à oração e à meditação. Dentro, porém, do gênero meditação, podemos encaixar uma maneira especial de ler o Evangelho: *a leitura expressiva*, com a finalidade de conhecer melhor o Divino Mestre por meio dos sentimentos de seu coração. Para isso, procuramos na leitura, reproduzir-lhe a fala, as expressões faciais, os gestos, como se fossemos atores. Urge treinar. Repetir. Orar. Momentos excelentes para isso, por exemplo, são os milagres, além das pregações, as parábolas, os diálogos. Reproduzir esse mesmo processo com relação às personagens que entram em ação nas cenas com o Divino Mestre é igualmente maravilhoso recurso para penetrar melhor nos sentimentos do próprio Jesus.

Veja o milagre do cego Bartimeu. Teve lugar ao sair Jesus da cidade de Jericó, cercado de uma grande multidão. Bartimeu estava sentado à beira da estrada, pedindo esmolas, quando ouviu dizer que era Jesus quem passava. Imagine a emoção desse pobre homem. Ele sabia que Jesus podia curá-lo num instante, pois a fama dele corria. E então começa a gritar, a mais não poder: "Jesus, Filho de Davi, tem piedade de mim!" Filho de Davi, isto é, o Prometido Messias esperado pelos judeus. Você pensa que o povo participava dos sentimentos do infeliz? Nada disso! Cada um queria egoisticamente estar perto do Mestre e até brigava com o coitado para calar a boca. Somente um coração ali se comoveu: o *bendito coração de Jesus*! Ele ouviu os gritos do pobre, mandou chamá-lo e, quando ficou diante dele, perguntou: *"Que queres que eu te faça?"* É como dizemos entre nós: Em que posso servir-lhe?

Procure sentir o que Jesus sentia naquela hora! Pena, muita pena do infeliz e a vontade decidida de ajudá-lo como somente Ele poderia fazer. Procure descobrir e reproduzir *a emoção* com que Jesus disse aquilo; imitar-lhe *a expressão oral, facial e os gestos*. E, também, como o pobre disse isto: "Mestre, que eu recupere a vista!"? Imite-o.

E então, o Mestre, com seu poder infinito, responde: *"Vai, tua fé te salvou"*. Na mesma hora Bartimeu começou a enxergar, acompanhando Jesus depois com a multidão (Mc 10,46-52). Como Jesus terá dito isto: *"Vai, tua fé te salvou"*? Tente imitá-lo.

Aproveitando a oportunidade para refletir sobre milagres realizados por Jesus, notamos que eles tiveram como objeto as pessoas, com suas curas, ressurreições; Satanás a quem Ele expulsa; a natureza, como no caso da tempestade aplacada, da pesca milagrosa no Mar da Galileia. Assim foram os milagres do Mestre: nenhum em benefício dele, para sua glória, mas tudo para o bem das pessoas, para a glória do Pai, para que todos compreendessem que o Pai o tinha enviado, acreditassem na palavra dele e aceitassem o Reino do Pai que ele viera anunciar para a glória do Pai e nossa verdadeira felicidade.

14

"Está próximo o Reino dos Céus" (Mt 4,17)

O âmago da pregação de Jesus é o Reino de Deus. É de notar que Mateus, em lugar de dizer: Reino de Deus, diz Reino dos Céus. Isso porque Ele escreveu seu Evangelho para os judeus e estes evitavam por respeito ficar pronunciando o nome de Deus. Por isso, Reino de Deus e Reino dos Céus indicam a mesma realidade. Vamos dar preferência aqui à expressão Reino de Deus.

Reino de Deus tem um sentido muito amplo e, antes de tudo, significa o *Governo, o Domínio de Deus, como Rei*, sobre o universo e, em particular, sobre a humanidade.

A pregação de Jesus tinha como finalidade última justamente isto: Deus, o Pai, realmente governando o mundo, como rei, e todas as criaturas, particularmente a humanidade, no caso, aceitando alegremente esse domínio.

A humanidade se desviou desde o início, e justamente para reparar tal desordem, o próprio Filho de

Deus se fez homem, fez-se Jesus, e, num gesto de incomparável submissão ao Pai, levou uma vida de penosa obediência a Ele, culminando com sua dolorosa Paixão e morte na cruz por nós, o que lhe valeu a gloriosa Ressurreição e exaltação sobre todas as criaturas.

Jesus, portanto, pregou, sobretudo, o amoroso domínio do Pai sobre toda a humanidade. E lembremo-nos de que nossa verdadeira felicidade está exclusivamente na aceitação desse reinado sobre nós, porque *Deus é a verdade e o amor. Fora dele o que se encontra é mentira e ódio.*

Jesus usa a expressão "Reino de Deus" nas aplicações mais diversas, sem precisar afastar-se do mencionado sentido de governo do Pai sobre a da humanidade. Assim, quando Ele apresenta os preceitos da Lei Divina, que afinal, se resumem no amor a Deus e ao próximo, Ele está indicando o que é realmente submeter-se ao domínio de Deus, fazer parte do Reino de Deus (Mt 22,37-40). Ele compara esse reino à pequenina semente de mostarda que se desenvolve numa planta de grande porte; ao punhado de fermento que aos poucos modifica toda a massa, referindo-se à comunidade daqueles (a Igreja) que aos poucos iriam submetendo-se a seus ensinamentos, à vontade do Pai (Mt 13,31-33). E que é para ele o Paraíso, senão, o Reino de Deus, destino de felicidade incomparável dos que aceitaram o Reino, o domínio de Deus sobre nós, especialmente no que tange à prática da caridade fraterna (Mt 21,35)? Ele usa ainda a expressão Reino de Deus para indicar a ação direta de Deus sobre a humanidade, até com prodígios, para implantação desse mesmo Reino, ação que ele pregou como iminente e também como já inicialmente presente por meio dele (Mt 4,17; 12,28).

E pense: atos de terrorismo, guerras, armas químicas, bombas nucleares, o próprio desequilíbrio ecológico em virtude do egoísmo humano, o que vem a ser tudo isso senão a recusa da humanidade em aceitar o Reino de Deus, o misericordioso domínio de Deus sobre a humanidade?

Por tudo isso, procuremos dirigir-nos ao Pai, o melhor que possamos, com os sentimentos do próprio coração de Jesus ao suplicarmos:

"Venha a nós o vosso Reino"!

15

Viajando com Jesus

Pequeno mapa, que pode inclusive ser encontrado no próprio volume da Bíblia, ajuda a aprender rapidamente as principais divisões da Terra Santa ou Palestina, Terra de Jesus, nos tempos dele, e a sentir-lhe a presença no decorrer de nossos estudos sobre sua vida.

No alto: a Fenícia, Tiro. Aí Jesus livrou do demônio a filha de uma mulher da região. A Fenícia, porém, não faz parte da terra de Jesus. Limítrofe com a Fenícia é a Galileia. Aí Cafarnaum e, mais abaixo, Caná (onde aconteceram as Bodas de Caná), e Nazaré. A mancha azul é o Mar da Galileia, de Cafarnaum, ou Tiberíades. Grande lago de água doce. Lembra-se da pesca milagrosa, da tempestade aplacada? Herodes Antipas governava em conjunto a Galileia e a Pereia, limitada esta pelo Mar Morto, lá embaixo, no mapa. Aqui o deserto onde o Batista pregava e Herodes Antipas o mandou prender e degolar na fortaleza de Maqueronte.

Abaixo da Galileia, a Samaria (diálogo de Jesus com a Samaritana!) e mais abaixo a Judeia. Na Judeia: Belém, Betânia e, pertinho, Jerusalém. Quem mandava lá era Pôncio Pilatos, procurador romano. Aparece ainda a

Decápolis, nossa direita, para cima, conjunto de umas dez cidades autônomas, porém, como as demais províncias, sob o domínio de Roma. A Gaulanítide era também uma das quatro províncias romanas em que se dividia a Terra Santa.

Governante de cada província era um tetrarca, do grego *tetra* = quatro. A Gaulanítide era de Filipe, do qual Herodes Antipas tomou a esposa, Herodíades. Jesus andou também por aí, como também na Decápolis.

E o Rio Jordão? Ele nasce de três mananciais nas bases do Monte Hermon, lá encima, com 2.814 m de altura, quase sempre coberto de neves; depois de formar o Mar da Galileia, arremessa-se em meandros mil rumo ao Mar Morto, a 392 m abaixo do nível do mar. Que contraste! Jerusalém, capital de Judeia, a curta distância, acha-se a 750 m acima do nível do mar.

Impressionante a Terra de Jesus: solo fértil, particularmente na Galileia, e desertos; diversas montanhas em média com 900 m de altura e planícies. Praticamente todos os climas do mundo. Mesmo assim, ela cabe umas oito vezes dentro do Rio Grande do Sul! Era então cortada por excelentes estradas romanas, internacionais, e horríveis caminhos entre pedras subindo e descendo montanhas. Jesus caminhou repetidas vezes da Galileia para a Judeia e da Judeia para a Galileia.

Imagine-se você entre os apóstolos e algumas mulheres viajando com Jesus! Poucos andavam sozinhos por causa dos muitos assaltantes. Montaria preferida: o jumento. Jesus normalmente tinha de viajar a pé, sendo difícil para ele, tão pobre, possuir ou alugar e manter sequer um jumento. Como tantos viajantes, devia, não raro, dormir ao relento, sobre o manto estendido no chão. Hospedarias raras e inseguras. Sol de verão até 45° na sombra; frio algo abaixo de 3° no inverno.

Por toda a parte onde ele passava, era fazendo o bem a todos e anunciando o Reino de Deus.

16

Lago abençoado

Mar da Galileia, Lago de Tiberíades, de Cafarnaum, de Genesaré... Vários têm sido seus nomes por meio da história, indicando sempre a esplêndida realidade de um lago de água doce a 200 e tantos metros abaixo do nível do mar, comprimento máximo 19 km, largura máxima 13 km e 45 m de profundidade. Lago esplêndido. Nos tempos de Jesus: colinas do oeste com vinhedos e olivais; luxuriante vegetação nas pequenas planícies; vizinhanças pontilhadas de aldeias e com cidades importantes, mas sobretudo famoso e glorioso pela presença nele repetidas vezes do Filho de Deus feito homem: Jesus!

Podemos visualizar o Mestre andando na praia, ao sair da casa de Pedro em Cafarnaum, à margem, ali juntinho.

Aproveitando os relatos dos Evangelhos, revivamos alguns episódios.

Estamos, neste momento, no meio do povão à beira do lago, com Jesus. Ali se veem duas barcas paradas e os pescadores lavando as redes. Jesus dirige-se para o barco de Pedro, acomoda-se e começa a pregar. Nós o escutamos!

E passemos a outro episódio logo a seguir. Jesus termina a pregação.

Visualizemos! Jesus manda que Pedro leve o barco até mais adiante e lance as redes. Pedro a Jesus: *"Mestre, nós nos cansamos a noite toda e nada apanhamos, mas, em atenção a tua palavra, lançarei as redes"*. Atiram as redes e é tanto peixe que só falta as redes se rasgarem. Os dois barcos parecem afundar pelo peso. Aí, Pedro, sua espontaneidade, todo trêmulo, cai de joelhos aos pés de Jesus, exclamando: *"Senhor, afasta-te de mim, porque sou um homem pecador!"*. Cena magnífica (Lc 5,4-11)!

Outro episódio ainda. Concentremo-nos. Viajamos de barco com Jesus e alguns discípulos. Cai a tarde. De repente, começa uma daquelas tempestades imprevistas no lago. A embarcação está quase a emborcar. Entra água. Apavorados, procuramos Jesus e Ele está dormindo sobre um travesseiro na popa do barco! Então, tremendo de medo, alguns bradam: "Mestre, não te importa que pereçamos?" Ele simplesmente se levanta, reclama com o vento, como se faz com um cachorrinho, e diz ao mar: *"Silêncio! Acalma-te!"* E na mesma hora cessa o vento, o mar parece um espelho. *"Por que estais com tanto medo? Ainda não tendes fé?"* – ele indaga. E o pessoal ainda apavorado comenta: "Quem é este, a quem até o vento e o mar obedecem?" (Mc 4,35-41). Colosso, esse Jesus!

Estamos de novo no barco. Jesus ficou no monte a orar. Ele é homem de oração. É noite. Lá pelas três da manhã. De repente, um vulto aparece caminhando sobre o mar. Gritos de medo de ser um fantasma; alguém, contudo, reconhece: É o Mestre. Aí, Pedro, sempre atirado, grita: "Senhor, se és tu, manda que eu vá sobre as águas até junto de ti!" E Jesus diz: "*Vem!*"

Visualizemos a cena. Lá vai Pedro! O vento ruge. Pedro começa a se apavorar, vai afundando e grita: "Senhor, salva-me!". Jesus, pegando-o pela mão, a ele diz: "*Homem fraco na fé, por que duvidaste?*" Aí, ambos entram no barco e prosseguimos a viagem com Jesus (Mt 14,25-32).

Quanta coisa linda aprendemos no lago abençoado!

Jesus tem poder sobre toda a natureza. Ele parece dormir certas horas em graves acontecimentos de nossa vida. Urge acordá-lo! Não podemos nos arriscar à toa, como Pedro, mas uma vez no perigo, gritemos para Jesus. Ele vai perguntar: "*Criatura de pouca fé, por que estás com medo?*" Ele estende a mão e entramos com Ele no barco da paz e da felicidade.

17

O discípulo ideal

Não resta dúvida de que o Sermão da Montanha representa o mais rico e mais esplêndido discurso de Jesus, o Mestre dos mestres. Ele o proferiu, se não todo, em parte, segundo a tradição, no assim denominado Monte das Bem-aventuranças, com belíssima visão panorâmica sobre o Mar da Galileia. Constitui a síntese dos ensinamentos ético-religiosos do Mestre, com transparência tocante do amor de seu divino coração ao Pai Celeste e à humanidade. Não seria o caso de transcrevê-lo, pois se encontra com facilidade no Evangelho de Mt 5. Vale a pena, entretanto, além de lê-lo no original e meditá-lo, *poder visualizá-lo como encarnado em alguém que o tenha vivencialmente assimilado,* pois o aproveitamento aqui está na prática e não na simples aprendizagem teórica.

Seguindo, pois, *o roteiro do discurso do Mestre,* podemos afirmar que discípulo ideal da Escola do Sermão da Montanha é a pessoa que, nos sofrimentos, inclusive os mais terríveis, não se desespera, mas antes encontra oportunidade para crescer espiritualmente e até motivo de alegria na esperança do prêmio na Mansão Celeste.

É a pessoa, genuíno sal da terra, por trazer à sociedade o agradável sabor, o poder de conservação próprio da virtude; verdadeira luz que ilumina a todos no caminho da verdade e do bem. Alguém que evita ofender o próximo com palavras e julgá-lo desfavoravelmente sem justa causa. Alguém com o máximo respeito para com a família alheia, procurando afastar todo pensamento contrário à castidade e manter-se fiel aos compromissos matrimoniais se os tiver. Alguém cuja palavra merece sempre crédito, bem longe assim de profanar o santo nome de Deus com vãos juramentos. Alguém que não apenas perdoa os próprios inimigos, mas chega ao ponto de orar por eles, sem exclusão de ninguém, propugnando sempre, na medida do possível, pela conciliação e pela paz. Alguém que sabe sem espalhafato ajudar os necessitados, praticar o jejum e a oração. Alguém que ora a Deus jubilosamente, consciente de participar com toda a humanidade da honra de tê-lo como Pai, considerando, assim, a todos os semelhantes como irmãos e ansiando pelo reinado efetivo do Pai em toda a terra. Alguém que tem como verdadeiros somente os bens celestes e não tenta servir a Deus e ao dinheiro ao mesmo tempo. Alguém fiel ao dever do trabalho, mas confiante de tal modo na Divina Providência, que não se deixa levar por funesta ansiedade pelo futuro. Alguém com o mais elevado respeito pelas coisas sagradas. Alguém, que não somente evita fazer qualquer mal ao próximo, mas se esforça por fazer-lhe todo o bem que deseja para si. Alguém que, desviando-se da porta larga das paixões desenfreadas, forceja para servir a Deus por meio de uma vida controlada, até de sacrifícios, quando necessário, em conformidade com seus divinos mandamentos. Uma pessoa com todos esses predicados e assim de acordo com o Divino Coração do Mestre, de quem se possa dizer com Ele que é firme como uma casa edificada sobre a rocha contra a qual podem lançar-se as chuvas, as enxurradas e os tufões e não conseguirão destruí-la.

Que excelentes pessoas seremos todos nós, se formos verdadeiros discípulos da Escola do Sermão da Montanha! De gente assim a humanidade urgentemente necessita para sua sobrevivência e a do próprio planeta.

18

A oração que o Senhor nos ensinou

Incomparável a oração ensinada por Jesus: o *pai-nosso!* Possivelmente Ele a repetiu mais vezes para seus discípulos, inclusive com alguma variante, sendo a versão mais divulgada a do Sermão da Montanha, que está em Mateus 6,9-13; Lc 11,1-4. Uma oração que brota da inteligência do Mestre com três pedidos relativos ao próprio Pai e quatro relativos a nós, segundo a ordem hierárquica dos seres: *primeiro Deus e depois as criaturas.* Oração que transforma em prece toda a vida e todo o ensino do Mestre! Uma oração a brotar do próprio coração de Jesus, fornalha de infinito amor para com o Pai e para conosco. Uma conversa toda amor de uma criança com o querido papai!

Repetida por milhões de santos dos primórdios do cristianismo até hoje, em todos os idiomas. Aqui uma sua inspirada perífrase por Francisco de Assis, tão abrasado no amor a Jesus:

"Ó, santíssimo **Pai, nosso**, Criador, Redentor, Salvador e Consolador,

que estais nos céus: nos anjos e nos santos.

Vós os iluminais para o conhecimento, porque vós, Senhor, sois a Luz.

Vós os inflamais para o amor, porque vós, Senhor, sois o Amor.

Vós habitais neles plenificando-os para a vida beatífica, porque vós, Senhor, sois o sumo Bem, o Bem eterno, do qual procede todo bem e sem o qual nada pode ser bom.

Santificado seja o vosso nome. Reluza em nós o conhecimento de vós, para podermos reconhecer a largura de vossos benefícios, o comprimento de vossas promessas, a altura de vossa majestade e a profundidade dos juízos (cf. Ef 3,18).

Venha a nós o vosso reino. Para que reineis em nós por vossa graça e nos deixeis entrar no vosso Reino, onde veremos a vós mesmo sem véu, teremos o amor perfeito a vós, a beatífica comunhão convosco, a fruição de vossa essência.

Seja feita a vossa vontade, assim na terra como no céu. A fim de que vos amemos de todo o coração, pensando sempre em vós; de toda a alma, aspirando sempre a vós; de todo o nosso entendimento, ordenando todos os nossos desejos a vós e buscando em tudo a honra vossa; de todas as nossas forças, empenhando todas as virtudes e sentidos do corpo e da alma na obediência a vosso amor e em nada mais.

E para amarmos o nosso próximo como a nós mesmos, atraindo, na medida de nossas forças, para o vosso amor, todos os homens, alegrando--os pelo bem dos outros e pelo nosso próprio bem, compadecendo-nos deles em suas tribulações e jamais ofendendo a ninguém.

O pão nosso de cada dia: vosso dileto Filho Nosso, Senhor Jesus Cristo, **nos dai hoje**, a fim de lembrar e reconhecer o amor que teve por nós, bem como tudo o que por nós tem falado, operado e sofrido.

Perdoai-nos as nossas ofensas: por vossa inefável misericórdia e o inaudito sofrimento de vosso dileto Filho, Nosso Senhor Jesus Cristo, e pela poderosa intercessão da beatíssima Virgem Maria, bem como pelos méritos e súplicas de todos os vossos eleitos.

Assim como nós perdoamos a quem nos tem ofendido: e o que nós não perdoamos totalmente, fazei vós, ó Senhor, que o perdoemos plenamente, a fim de que possamos amar sinceramente os nossos inimigos e por eles interceder junto de vós; não retribuamos a ninguém o mal pelo mal (cf. Rm 12,17) e nos esforcemos por ser úteis a todos em vós.

E não nos deixeis cair em tentação: oculta ou manifesta, impetuosa ou inesperada.

Mas livrai-nos do mal: passado, presente e futuro".

(Pro C. Societate)

19

Diante da lei e dos profetas

A Bíblia judaica divide-se em três partes: a Lei (ou Torá), os Profetas, e os Escritos. A Lei (Gênesis, Êxodo...) refere-se aos primórdios da humanidade e do Povo de Deus, e de modo especial aos preceitos divinos, transmitidos por intermédio de Moisés. Nos Profetas se encontram as ordens do Senhor comunicadas por Ele a pessoas escolhidas, em situações especiais, dentro do espírito da Lei. Os profetas, como Isaías, anunciavam ainda acontecimentos futuros particularmente relativos ao Messias, o Cristo, aguardado Salvador dos judeus, com domínio sobre toda a humanidade. O relacionamento de Jesus com a Lei e os Profetas é único.

Podemos visualizar o Mestre em sua autoapresentação na sinagoga de Nazaré. Existem belos quadros a respeito. Ele recebeu um rolo da Bíblia, abriu-o em Isaías; leu-o em alta voz em hebraico, sendo feita a tradução por alguém, em aramaico, pois o povo já não entendia o hebraico:

O espírito do Senhor Javé está sobre mim porque Javé me ungiu; mandou-me levar a boa-nova aos pobres, curar os corações feridos, proclamar a anistia aos detentos, a libertação aos prisioneiros, promulgar o ano da graça de Javé, dia de vingança para nosso Deus; para consolar todos os que choram (Is 61,1-2).

Maravilha! Jesus, então, declarou que a profecia acabava de se realizar, pois se referia a Ele mesmo (Lc 4,16-21). Na verdade, quantos benefícios resultaram para todos com sua vinda ao mundo, especialmente para os mais desamparados, e de modo particular no breve período de seu ministério!

Foi valendo-se dos profetas que Ele procurou reanimar a fé dos dois discípulos de Emaús, que no domingo à tarde se lastimavam da tragédia de sua Paixão e morte, acontecida na sexta-feira, não seguida – achavam –, da Ressurreição prometida. Ele mostrou, citando os profetas, como o Cristo devia passar por tudo aquilo antes de entrar em sua glória (Lc 24,13-27).

A Lei, por outro lado, encontra em Jesus sua inapelável interpretação, como também seu aperfeiçoamento. No tocante à interpretação, por exemplo, note-se que os judeus faziam do repouso sabatino um dos pontos mais altos da fidelidade a Deus, de tal modo que censuravam a Jesus por operar curas milagrosas no sábado. Jesus combateu tamanho rigorismo, salientando que "o sábado foi feito para o homem, e não o homem para o sábado. Por isso, o Messias é senhor também do sábado" (Mt 12,8; Mc 2,28; Lc 6,5; 13,16).

Sobre o aperfeiçoamento da Lei temos pontos magníficos. A Lei condena o homicídio; Jesus proíbe até xingamentos. A Lei condena o adultério; Jesus condena mesmo pensamentos contrários à castidade. A Lei aceita o divórcio em certos casos; Jesus opõe-se terminantemente ao mesmo. A Lei ordena cumprir os juramentos; Jesus quer que nossa palavra seja sempre digna de crédito, de modo a evitar-se o perigo do uso do nome de Deus em vão. A Lei apoia o uso da pena de talião *"Olho por olho e dente por dente"*, dentro das normais legais; Jesus se nos apresenta como paradigma incomparável da não resistência. A Lei se preocupa apenas com o amor ao próximo, isto é, aos conterrâneos; Jesus faz do amor a todos os seres humanos a mais expressiva característica de seus ensinamentos (Mt 5, 6 e 7).

Ó Mestre, tu que disseste: *"Eu sou a luz do mundo; quem me segue não caminhará nas trevas, mas terá a luz da vida"* (Jo 8,12), vem, acode-nos iluminando-nos com teu clarão antes que a humanidade se afunde num mar de ódio e de sangue, ou ainda acabe de tornar a terra um planeta inabitável!

20

Homem das multidões

Com relação à infância de Jesus em Nazaré, depois de seu desaparecimento por três dias, repetimos, nada sabemos a não ser que ele "ia crescendo em sabedoria, estatura e graça, diante de Deus e dos homens" (Lc 2,52). A seguir, sobre Ele tudo ignoramos, por exemplo, se tinha ou não muitos amigos, se muitas pessoas o procuravam. Desde, porém, que Ele entrou na vida pública, algo de uma evidência meridiana se nos impõe: que Ele se tornou o homem das multidões.

Assim é que o anão Zaqueu, em Jericó, para ter a felicidade de vê-lo, tem de subir numa árvore, um sicômoro, justamente por causa da multidão que cerca o divino Mestre. Foi somente infiltrando-se, Deus sabe como, no meio do povão que a envolvia, que a mulher hemorroíssa conseguiu tocar-lhe a fímbria das vestes e ser milagrosamente curada; foi somente gritando a mais não poder, sentado à margem da estrada por onde Ele passava, que o cego Bartimeu conseguiu vencer o ruído da multidão que o acompanhava. De certa feita, outra multidão durante três dias o segue, a ponto de ficar sem ter o que comer, levando-o à prodigiosa multiplicação de pães e de peixes para que ela não desfalecesse de fome; às multidões que o cercam mesmo nas horas que Ele precisa de repouso ou para estar a sós com o Pai, ou ocultar-se dos inimigos até o momento pelo Pai determinado para o supremo sacrifício, a essas numerosas multidões repetidas vezes se referem os evangelistas.

Agora, uma pergunta oportuna: *qual o motivo de tal movimentação de massas a seu redor?* Não resta dúvida de que o fascínio por suas palavras, por seu próprio físico e, particularmente, as curas, os prodígios por Ele realizados fornecem uma boa parte da explicação.

Existe, porém, algo de mais profundo, um manancial oculto, sem o qual perderíamos uma parte essencial do esclarecimento em foco: a bondade infinita de seu *Divino Coração*, com um poder de polarização indefectível até nossos dias.

Um coração manso e humilde.

Um coração possuído de um amor imenso e compassivo para com os mais necessitados; para com todos os marginalizados pela sociedade de seu tempo, tais como os cobradores de impostos, os que eram considerados pecadores públicos, as próprias mulheres em geral, mesmo enfrentando agressiva oposição dos poderosos.

Um coração cheio de ternura para com as crianças.

Um coração capaz de partilhar do sofrimento de uma pobre mulher que perde uma de suas dez drácmas, moedas de pouco valor, mas um tesouro para ela, e de partilhar também de sua alegria ao reencontrá-la.

Um coração que leva ao emprego do poder divino para ressuscitar o filho da viúva de Naim, a filha de Jairo, chefe de uma sinagoga; a cura de cegos, surdos-mudos, portadores de qualquer deficiência física. Um coração que o impele à entrega mística de si mesmo na Ceia Eucarística e aos atrozes tormentos da Paixão e morte na cruz, em obediência ao Pai e por nossa salvação.

Um coração, afinal, aberto por uma lança como para significar termos ali um abrigo seguro para nossos momentos mais difíceis, o reencontro da casa paterna ao doce aconchego do amor, do perdão, da paz e da felicidade.

21

Eu vim para que tenham a vida

"Eu vim para que tenham a vida, e a tenham em abundância" (Jo 10,10).

Essa declaração de Jesus, ao falar das queridas ovelhas de seu rebanho, projeta poderoso foco de luz sobre toda a sua conduta em nosso meio. Por extensão, podemos dizer que a missão de Jesus na terra é que, afinal, como termo da história da humanidade, ninguém passe fome, nem sede; ninguém seja privado de sua vida biológica, de sua saúde, do pão de cada dia, de sua liberdade; ninguém ande preocupado, apavorado e, primeiramente, todos se beneficiem da vida de íntima união com o Pai, a qual deve ser a primeira preocupação, vindo depois o resto como por acréscimo e o qual acima de tudo o Mestre nos quer fornecer em abundância.

Todos os elementos mencionados são próprios da vida de acordo com o nível que lhe deveria ser o normal. Qualquer um deles que falte elimina totalmente a vida ou a torna deficiente.

A posição de Jesus, como mensageiro da vida, torna-se evidente com toda a clareza em sua Paixão, Morte e Ressurreição por nossa salvação eterna com a posse da vida eterna; torna-se evidente em sua doutrina de amor e serviço ao próximo, nos repetidos milagres de cura, de ressurreições por Ele operados, no pedido do pão nosso de cada dia na prece que Ele mesmo ensinou, nas recomendações para que se evitem exageradas preocupações, o medo proveniente da falta de fé; torna-se evidente no motivo indicado por Ele para a salvação ou para a perdição eterna no Dia do Juízo, a saber, ter socorrido ou não os necessitados do essencial para uma vida conveniente à dignidade humana.

Assim é que, impelido pela infinita bondade de seu coração, Ele mostra preferência pelos pobres, os enfermos, come e bebe com os pecadores, os publicanos, assim como uma mãe se derrama em cuidados especialmente para com o filho deficiente, menos favorecido com os dons da vida, não porque simplesmente o prefira aos outros, mas porque Ele, em sua fraqueza, necessita mais de suas atenções, de sua ternura, de seu carinho. Qualquer um deles que, por infelicidade, se encontre em semelhante situação, contará de certo com o mesmo desvelo do coração materno!

Felizes dentre nós aqueles que, reconhecendo as próprias misérias, as próprias necessidades, se deixam envolver pelo *amor misericordioso* de Jesus que, compassivamente, nos convida: "*Vinde a mim, vós todos que estais cansados e oprimidos, e eu vos darei descanso! Tomai sobre vós meu jugo e aprendei comigo, porque sou manso e humilde de coração e achareis descanso para vossas almas"* (Mt 11,28-29).

22

Jesus e a família

Na doutrina de Jesus, encontramos todas as diretrizes para a existência de uma família estável e feliz. Cada família é, na verdade, como uma célula do organismo social. Nela vivem concentrados todos os elementos humanos deste, verificando-se debaixo do mesmo teto, encontros e desencontros frequentes e, não raro, cede-se para evitar choques. Daí a necessidade de constante demonstração de amor, de compreensão, até de perdão.

É então que surge o Divino Mestre com seu exemplo, sua doutrina de amor a toda prova, no qual se resumem todos os requisitos para o convívio humano e, no caso da família, para a sobrevivência da mesma e a devida socialização dos jovens.

A proposta de Jesus sobre a estabilidade do lar é a indissolubilidade absoluta do matrimônio (Mt 19,3-8; Mc 10,2-12). Com relação aos deveres dos filhos para com os pais, além de repetir o preceito de honrar pai e mãe, para o jovem desejoso de saber do caminho do Céu (Mt 19,16-20), Ele foi incisivo contra os hipócritas que violavam esse mandamento divino, para seguir a desumana tradição que permitia aos filhos negar todo auxílio aos pais, declarando que seus bens estavam consagrados a Deus (Mc 7,9-12).

Dificuldades sobre a posição de Jesus quanto à família se resolvem com algumas considerações.

Antes de tudo, reflitamos que Ele era a um tempo Deus e homem. Ele precisava dosar suas manifestações de filiação humana, como homem, de modo que não prejudicasse o aspecto de sua filiação divina, infinitamente superior, como Deus. Assim é que na pergunta dele aos pais, depois de desaparecido por três dias, menino ainda, por que motivo o andavam procurando se sabiam que Ele devia cuidar das coisas do Pai Eterno, vê-se clara a superioridade dele como Deus. No fato de voltar com eles para Nazaré e viver lá obedecendo como bom filho aos pais, sobressai sua realidade como homem (Lc 2,41-52).

Lemos em certas traduções da Bíblia em português, por exemplo, que Ele diz ser necessário odiar os pais, a esposa, os filhos, irmãos, a própria vida, a fim de ser seu discípulo (Lc 14,26). Note-se que a tradução dos originais da Bíblia pode adulterar o sentido da palavra de Deus. Assim, "odiar", nesse caso, traduz uma palavra que significa igualmente querer menos bem. Em recentes traduções da Bíblia, em lugar de "odiar" se lê "preferir", "ter maior amor", isto é, quem der maior preferência a seus e a sua vida no lugar de Jesus não pode ser seu discípulo! E isso é evidente.

Quando Jesus proclama que seu pai, sua mãe e seus irmãos são aqueles que cumprem a vontade de Deus (Mt 12,46-50), Ele mais uma vez quer imprimir na mente obtusa dos ouvintes que as simples ligações carnais de nada adiantam para a vida eterna.

Quanto ao sentimento de Jesus com relação a pai e mãe, basta pensar que, agonizando na cruz, Ele cuidou de sua mãe, pedindo a João Evangelista cuidar dela após sua morte (Jo 19,25-27).

E dentro do assunto, notemos que a resposta dele a sua Mãe nas Bodas de Caná dá a impressão de que não lhe interessava, no caso, a falta de vinho. Estava tão longe de ser uma ofensa, que a Santa Mãe se apressou em dizer aos servos que fizessem tudo o que Ele mandasse, resultando daí o prodígio da transformação da água em vinho, primeiro milagre de Jesus, milagre realizado a pedido de sua bendita Mãe (Jo 2,1-12)!

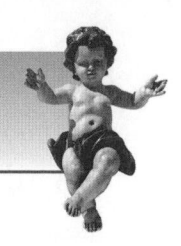

23

Às voltas com o mundo feminino

Na terra e no tempo de Jesus, a mulher era tida como um ser inferior ao homem. Considerada propriedade do marido, embora não pudesse ser vendida como escrava. Com facilidade, porém, podia ser despachada com uma simples carta de repúdio. O adultério da esposa devia ser punido com a morte, mas se o marido pecasse com uma solteira, esta começava a fazer parte da família. Sua instrução limitava-se normalmente às obrigações caseiras: triturar o trigo e fazer o pão de cada dia; tecer; apanhar água na fonte. Devia, primeiramente, servir aos homens, antes de sentar-se à mesa. Era normal que andasse a pé enquanto os homens viajavam montados. Elas não estavam obrigadas a ir às três festas especiais dos judeus em Jerusalém, justamente por serem mulheres. Eram geralmente consideradas incapazes e indignas de um conhecimento mais aprofundado da Torá. Seu testemunho não tinha valor nos tribunais. Juridicamente, de fato, a mulher era equiparada à criança e ao escravo. Toda a sua glória, na prática, estava em servir devidamente ao homem: como esposa, como mãe, como companheira. Na própria Bíblia, no Antigo Testamento, ao lado dos maiores elogios a ela no desempenho de seu papel de auxiliar do homem, e da honra e obediência devida pelos filhos a suas mães, encontramos expressões terríveis de desvalorização do sexo feminino em geral, como um eco do desprezo com que eram consideradas no tempo da redação do respectivo livro sagrado.

Diante de quadro tão lastimável, melhor podemos aquilatar a valorização da mulher pelo Divino Mestre. Seu comportamento para com elas chocava os conterrâneos. Ele aceitava que mulheres não somente o acompanhassem para ajudá-lo e aos discípulos no que fosse necessário, mas também as acolhia como suas discípulas. Deixa-se tocar pela pecadora que lhe lava os pés com as próprias lágrimas e os enxuga com os cabelos, para escândalo do fariseu, Simão, seu hospedeiro. Não repreende a mulher hemorroíssa impura pela perda de sangue segundo o Levítico, porque o tocou às escondidas, na esperança de cura, pelo contrário elogia-lhe a fé e lhe dá a saúde no mesmo instante. Ele dispersa humilhados os hipócritas acusadores da mulher apanhada em adultério, prontos a apedrejá-la segundo estrita interpretação da Lei. Aceita com naturalidade a censura de Marta no sentido de não se importar com que a irmã dela, Maria, deixe-a sozinha na labuta da casa, simplesmente respondendo que ela estava preocupada demais e que Maria tinha escolhido a melhor parte: ouvir o Mestre. Entre todos os seus discípulos, uma mulher foi escolhida para a primeira de suas aparições depois da Ressurreição: Maria Madalena.

De sua parte, as mulheres corresponderam sempre à distinção com que Ele as cercava, ajudando, com os próprios haveres, a manutenção dele e dos apóstolos; acompanhando-o, fiéis e corajosas, enquanto subia o Calvário com a cruz às costas, assistindo-lhe os últimos momentos aos pés da cruz, cuidando de honrosa sepultura para seu sagrado corpo desfigurado pelos maus-tratos.

Tamanha consideração de Jesus para com as mulheres, motivo de autovalorização para elas, estímulo de amor a Ele e de vontade de colaborar com Ele em sua missão de paz e de amor universal aqui na terra!

24

Com as crianças

No mundo greco-romano, a sorte das crianças recém-nascidas dependia da decisão do pai. As que nasciam com certos defeitos eram normalmente rejeitadas, e seu destino era a morte por inanição. No mundo judaico, os filhos eram tidos como bênçãos de Deus e não podiam de modo algum ser abandonados. As crianças, contudo, não eram alvo de considerações especiais fora do âmbito da educação pela qual deviam, na idade adulta, comportar-se como dignos componentes do povo de Deus. A educação era rigorosa com utilização inclusive de castigos físicos: "Quem poupa a vara odeia seu filho, mas quem o ama o corrige a tempo" (Pr 13,24).

Com relação a Jesus merece o maior destaque a distinção com que Ele tratava as crianças. Vemo-lo nos três encontros com elas relatados nos Evangelhos. No primeiro encontro, queriam apresentar a Jesus umas crianças para que as tocasse, mas os discípulos as repreendiam.

> Vendo isso, Jesus ficou indignado e lhes disse: 'Deixai vir a mim as criancinhas e não as impeçais, porque o Reino de Deus pertence aos que são seme-

lhantes a elas. Na verdade vos digo, quem não acolher o Reino de Deus como uma criança nele não entrará.' Em seguida abraçou-as e abençoou-as, impondo-lhes as mãos (Mc 10,13-16).

Esse comportamento era tido como um rebaixamento para um rabino: entreter-se assim com crianças! No segundo encontro,

os discípulos vieram a Jesus com esta pergunta: 'Quem é o maior no Reino dos Céus?' Jesus chamou uma criança, colocou-a no meio deles e disse: 'Na verdade vos digo: se não vos converterdes e não vos tornardes como crianças, não entrareis no Reino dos Céus. Portanto, aquele que se fizer pequeno como esta criança é o maior no Reino dos Céus. E quem receber em meu nome uma criança como esta é a mim que recebe. Mas, se alguém for motivo de pecado para um desses pequenos que creem em mim, melhor seria para ele que lhe pendurassem uma pedra de moinho ao pescoço e o jogassem no fundo do mar. [...] Cuidado para não desprezardes nenhum desses pequenos, porque – eu vos afirmo – seus anjos no céu estão continuamente na presença de meu Pai que está nos céus' (Mt 18,1-7.10).

O terceiro encontro foi por ocasião da entrada triunfal de Jesus em Jerusalém:

Os sumos sacerdotes e os escribas, vendo os milagres que fazia e as crianças que gritavam no templo: 'Hosana ao Filho de Davi!', ficaram indignados e perguntaram a Jesus: 'Estás ouvindo o que dizem?' 'Sim', respondeu Jesus. 'Nunca lestes que da boca das crianças e dos que ainda mamam obtiveste louvor?' (Mt 21,15-16; Sl 8,3).

Jesus sempre na defesa dos injustamente marginalizados!

Aprendemos assim qual deve ser nosso comportamento com relação às crianças. No entanto, aquele dizer que é preciso tornar-se criança para entrar no reino dos Céus tem um alcance todo especial. Não se trata de praticarmos infantilidades, nem de procurarmos não sei quais predicados próprios de crianças, mas apenas o seguinte: sentirmo-nos filhos do bom Deus, pelos méritos de Jesus, e nele, conscientes de nosso nada, abandonarmos com toda confiança nossa vida, como uma criança nos braços do papai ou da mamãe. Esse, na verdade, é o caminho para podermos, afinal, dizer com São Paulo: *"Tudo posso naquele que me dá força"* (Fl 4,13).

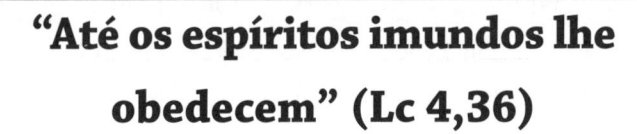

25

"Até os espíritos imundos lhe obedecem" (Lc 4,36)

A vinda de Jesus à terra tinha como finalidade o estabelecimento do Reino de Deus entre nós. Era essa a condição absolutamente indispensável para nossa felicidade aqui e no além. Sem a ação redentora de Jesus, a humanidade continuaria entregue ao poder das trevas, de Satanás, com todo o ódio deste a Deus e uma vontade completamente direcionada para nossa perdição. Daí os vários casos de possessão diabólica que se apresentaram a Jesus, tanto dentro quanto fora de sua pátria.

É verdade que certas enfermidades naturais eram atribuídas à ação direta de Satanás, mas o fato é que, confrontando-se às vezes de modo direto com Satanás ao expulsá-lo dos possessos, ou indiretamente atendendo os afetados de todo tipo de enfermidade, Jesus, sob o impulso de seu amoroso coração, libertava de seus males a todos que o procuravam, sem distinção de pessoas. De fato: "Ele passou fazendo o bem e curando a todos os que tinham caído sob o poder do diabo, porque Deus estava com ele", como proclamou Pedro na casa do centurião Cornélio (At 10,38).

Digo que Jesus às vezes se defrontava indiretamente com Satanás ao curar certas enfermidades, porque em última análise todo mal existente no mundo se origina do pecado, fruto normal também das insinuações do maligno, desde os primórdios da humanidade.

Impressionantes são as cenas em que os possessos de Satanás, como no caso da sinagoga de Cafarnaum, antes de ser libertados, agitam-se diante de Jesus, reclamam de sua presença incômoda, confessam que Ele é o *Filho de Deus*, chegando alguns a se atirar de joelhos aos pés dele (cf. Lc 4,33-35; Mc 3,11).

E o episódio daquele possesso da terra dos gadarenos ou gerasenos, além Jordão, que antes habitava nos sepulcros, vagava nu dia e noite gritando, ferindo o peito com pedras, arrebentando todas as correntes, apavorando a população, e depois de Jesus libertá-lo da legião de demônios, é visto por todos vestido, tranquilo, perto de Mestre, e uma vara com cerca de mil porcos que por ali se achava, atira-se ao mar impelida pela multidão enorme de demônios que antes dominava o pobre homem? A população apavorada pede a Jesus que se retire de suas terras. Coitada!

Bom ler em Marcos 5,1-20.

Quanto a nós, apeguemo-nos fortemente a Ele, procuremos seguro abrigo em seu coração, como a "pomba que voa de novo" para a arca de Noé (*Hino do Senhor do Bonfim,* Salvador, BA), pois o Mestre é o mais forte que veio destronar o mais fraco, Satanás (Gn 8,8-9; Lc 11,21-22).

26

Afinal, quem é Ele?

Imaginemos que estamos na terra do Mestre e em seu tempo. Como em qualquer lugar, as pessoas batem papo umas sobre as outras.

Quem é esse Jesus de que tanto se fala? Ele é de Nazaré. Seus pais são José e Maria. Os "irmãos" e as "irmãs" dele – primos e primas, nós dizemos – todo o mundo os conhece. Ah! Ele é um carpinteiro, filho do carpinteiro José.

Ser carpinteiro já era alguma coisa. Mas Ele começa a ensinar. Assim o chamam agora, sobretudo, de *Rabi*, "mestre", ou ainda *Rabbuni*, "meu mestre". O título coloca-o numa posição bem mais elevada do que a de simples carpinteiro. Mas há quem vai além e o chama de *Filho Davi*. E mais, há os que veem nele o Messias, isto é, o Cristo, o Ungido do Senhor, tão esperado pelos judeus justamente como seu rei-salvador prometido pelos profetas. Mas sempre um simples homem. Herodes chegou a crer que Jesus era o Batista ressuscitado, o qual ele tinha mandado decapitar.

Mas Jesus quer fazer os discípulos bem informados de sua identidade. Ele então, no tempo que acha oportuno, sobe ao longo do Jordão para o norte, até as fraldas do Monte Hermon, às cabeceiras do Rio Jordão, nas cercanias de Cesareia de Filipe. Aí lhes perguntou o que povo achava sobre o *Filho do Homem*, isto é, Ele mesmo. Respondem que uns diziam ser João Batista; outros Elias, ou Jeremias, ou ainda um dos profetas. De fato, na expectativa da próxima vinda do Messias, esperava-se também que ele fosse precedido por algum dos grandes profetas.

Para Jesus, contudo, era o pensamento deles o que contava, então, para que conhecessem a verdade, podendo, assim, transmiti-la sem erro. Foi aí que indagou incisivamente: *"E para vós, quem sou eu?"* E Simão Pedro, com a prontidão de sempre: *"Tu és o Messias, o filho do Deus vivo."* Jesus exulta com a resposta. Ela só poderia ser uma inspiração do Pai, aquele que depois do batismo o proclamara seu Filho amado. Jesus declara: *"Feliz és tu, Simão, filho de Jonas, porque não foi nenhum ser humano que te revelou isso, e sim meu Pai que está nos céus. Pois também eu te digo: Tu és Pedro, e sobre esta pedra edificarei minha Igreja, e os poderes do inferno jamais conseguirão dominá-la"* (Mt 16,13-18).

Assim estava esclarecido o que o Mestre era realmente: o Cristo, o Messias prometido através dos profetas, o próprio Filho do Deus vivo, nome que os judeus usavam para evitar pronunciar o sagrado nome de Javé. E Pedro, por sua parte, solenemente apresentado como ocupando um lugar especial entre os demais seguidores do Mestre.

Ele, Jesus, é na verdade, o *Pantocrator* (do grego: *pan:* "todo"; *krátos:* "poder") representado no ícone: o *Todo-Poderoso*.

27

"Seu rosto ficou resplandecente como o sol" (Mt 17,2)

O grande pintor italiano Rafael Sanzio (1483-1520), felicíssimo também no movimentado quadro da Transfiguração, representou no alto deste algo como a felicidade do Paraíso e, embaixo, um dos momentos mais cruciais do sofrimento humano cá na terra. No alto, o Mestre todo luz, em colóquio com Moisés e Elias, um êxtase de felicidade inefável para Pedro, Tiago e João; embaixo, um pai de família num gesto de quase desespero, porque nem os discípulos de Jesus conseguiam expulsar de seu filho o demônio que tanto o atormentava!

A cena da Transfiguração nos ajuda a suportar com fé e confiança as horas em que a vida se torna para nós como a cena do pé do monte. *Apreciemo-la, de modo especial, no quarto mistério luminoso do Santo Rosário.* Apreciemos as duas cenas no vivo relato de São Marcos. "E dizia-lhes: *'Na verdade vos digo: alguns aqui presentes não provarão a morte, até que vejam o Reino de Deus chegando com poder'.* Seis dias depois, Jesus tomou consigo Pedro, Tiago e João e levou-os a sós, a um alto monte. Transfigurou-se diante deles. Suas vestes tornaram-se brilhantes, e de tal modo brancas que nenhum lavadeiro do mundo seria capaz de as fazer tão brancas. E apareceu a eles Elias junto com Moisés, e eles conversavam com Jesus. Tomando a palavra, Pedro disse a Jesus: 'Mestre, é bom a gente estar aqui. Façamos então três tendas, uma para ti, uma para Moisés e uma para Elias'. É que não sabia o que dizer, pois estavam espantados. Formou-se então uma nuvem que os cobriu com sua sombra. E da nuvem saiu uma voz: *Este é meu Filho muito amado. Escutai-o!* E logo, olhando ao redor, já não viram mais ninguém: só Jesus estava com eles". (Mc 9,1-8) Mateus acrescenta:

"Seu rosto ficou resplandecente como o sol e suas vestes ficaram brancas como a luz" (Mt 17,2).

Isso no alto da montanha, tradicionalmente apontada como o Tabor. Lá embaixo, contudo, a cena era outra e eis o que aguardava Jesus. Havia uma multidão e lá do meio alguém falou:

"Mestre, eu te trouxe meu filho, que está possesso de um espírito mudo. Quando se apodera dele, lança-o por terra, e o menino espuma, range os dentes e fica rígido. Roguei aos teus discípulos que o expulsassem, mas não conseguiram". Ele respondeu: "Ó geração incrédula, até quando estarei convosco? Até quando deverei suportar-vos? Trazei-o aqui". E o levaram até ele. Logo que viu Jesus, o espírito sacudiu com violência o menino, que caiu por terra e se revolvia espumando. Jesus perguntou ao pai: "Há quanto tempo lhe acontece isso?' 'Desde a infância" respondeu ele, "e muitas vezes o jogou no fogo e na água para o matar. Se podes alguma coisa, vem em nosso auxílio, por piedade, para conosco!" Replicou-lhe Jesus: "Se tu podes!... Tudo é possível para quem crê!" Logo o pai do menino gritou: "Eu creio! Ajuda minha incredulidade!" Vendo Jesus que a multidão afluía, repreendeu o espírito impuro dizendo-lhe: "Espírito mudo e surdo, eu te ordeno, sai dele e não tornes mais a entrar!" O espírito soltou um forte grito, agitou o menino violentamente e saiu. Este ficou como morto, de modo que muitos diziam: "Morreu!" Jesus, porém, tomou-o pela mão, levantou-o e ele se pôs de pé (Mc 9,17-27).

Agora, imaginemos estar com Jesus nas duas cenas e deixemos nosso coração derramar-se diante de seu Divino Coração.

28

Um peregrino especial

Quantas vezes, terá Jesus voltado os olhos para o muro conhecido hoje com o nome de Muro das Lamentações! Isso é o que resta do grandioso templo de Jerusalém, arrasado pelos romanos no ano 70 d.C.

Aí se reúnem para orar judeus e cristãos do mundo inteiro. Tão maravilhoso era o templo que um dos discípulos falou para Jesus: "'Olha, Mestre, que pedras e que construções!' Jesus respondeu-lhe: *Estás vendo estas grandes construções? Não ficará pedra sobre pedra que não seja destruída*" (Mc 13,1-2).

O evangelista João é o único a apresentar Jesus como assíduo peregrino em Jerusalém para as festas religiosas.

Os judeus tinham três festas anuais obrigatórias somente para os maiores de sexo masculino: a *Páscoa*, na primavera; *Pentecostes*, no verão; *Tabernáculos* ou *Tendas*, no outono. No inverno realizava-se, de frequência opcional, a festa da *Dedicação do templo*. E Jesus, peregrino especial, como *Filho de Deus feito homem*, aproveita o sentido messiânico, isto é, referente a Ele, de cada festa, assim como a oportunidade do ajuntamento das multidões, para revelar sua identidade, os planos de salvação do Pai.

Na primeira Páscoa de sua vida pública, segundo João, o *Mestre*, após expulsar a chicotadas os profanadores da casa de seu Pai Celeste, o Templo, transformado por eles em mercado, declara que se destruírem o mesmo, ele o reconstruirá em três dias. Com isso, porém, ele se refere a sua Ressurreição, a ele próprio, como definitivo Templo de Deus, sentido não atingido por seus adversários que lhe atribuem a vontade de lhes destruir a majestosa preciosidade (Jo 2,13-25).

Ei-lo agora em Jerusalém para uma outra festa, tida por muitos como segunda Páscoa de sua vida pública. Na fonte de Betsaida, um homem jaz enfermo há 38 anos e ninguém o ajuda a entrar na fonte por primeiro logo que um anjo agita a água, quando então se dão curas milagrosas. É sábado e Jesus o manda levantar-se, pegar a cama e ir embora. Escândalo! Jesus é tachado de transgressor do repouso sabático, pela cura e pela ordem de transporte da cama em tal dia. O Mestre defende-se, declarando que seu Pai Celeste não para de agir todos os dias e ele nada mais faz que imitá-lo. A revolta contra ele, contudo, não obstante os milagres a seu favor, foi tremenda, pois compreenderam que ele se apresentava como Deus. Jesus, por cautela, não tendo chegado ainda sua hora, deixa a Judeia e retorna para a Galileia com numeroso séquito (Jo 5; 6,1-2).

Passa o tempo e vem a festa dos Tabernáculos, recordação dos judeus agasalhados, outrora sob tendas deserto afora, rumo à terra prometida. Templo resplandecente de luzes; ritos especiais com as águas da fonte de Siloé. No último dia, o mais solene da festa, Jesus, em pé, disse em voz alta: *"Se alguém tem sede, venha a mim e beba! Aquele que crê em mim, como diz a Escritura, de seu seio sairão rios de água viva"* (Jo 7,37-38).

E outra vez, durante a festa, Jesus declarou: *"Eu sou a luz do mundo; quem me segue não caminhará nas trevas, mas terá a luz da vida"* (Jo 8,12).

É também na mesma oportunidade da festa dos Tabernáculos que Jesus, referindo-se a Abraão, declara: *"Antes que Abraão existisse, eu sou"* (Jo 8,58).

Assim ele aplicava a si o nome com que Deus se identificou para Moisés, declarando-se abertamente também Deus! (Êx 3,14). Com os ódios acirrados, os adversários agarraram pedras para atirarem contra Ele, mas Jesus se ocultou e saiu do templo.

O Mestre agora é visto em Jerusalém na festa também bastante animada da Dedicação do Templo. A circunstância dos trechos do Antigo Testamento lidos então, especialmente Ezequiel (Ez 34,11-12.14-16), torna-se excelente oportunidade para Jesus se declarar como o divino pastor indicao pelo profeta. Ele afirma: "*Eu sou o bom pastor. O bom pastor dá a vida pelas ovelhas.*" E mais: "*Tenho ainda outras ovelhas que não são deste aprisco. É preciso que as conduza também. Ouvirão minha voz, e haverá um só rebanho e um só pastor*" (Jo 10, 11 e 16).

Suas palavras, contudo, não eram recebidas da mesma forma por todos; se havia quem tanto ali como alhures acreditava nele e o amava, os inimigos de sempre mais e mais se enfureciam, especialmente ao expressar-se nestes termos: "*Eu e o Pai somos um*" (Jo 10, 30).

Mais uma vez apanharam pedras para executá-lo como blasfemo. Sua hora, contudo, não chegara ainda, embora a silhueta da Cruz mais e mais sobressaísse diante dele. Na próxima Páscoa, com a imolação do cordeiro pelos judeus, Ele também seria imolado como o verdadeiro Cordeiro que tira o pecado do mundo!

Ó Jesus, caminho, verdade e vida, nós cremos em ti, nós te amamos, queremos ser teus verdadeiros discípulos. Ajuda-nos! Acolhe-nos dentro do abrigo seguro do teu Sagrado Coração. Amém!

29

Luto em Betânia

Estupendo o episódio registrado em João 11,1-54, aqui reproduzido nas linhas essenciais: a ressurreição de Lázaro.

Enquanto Jesus se achava nas vizinhanças do rio Jordão, Lázaro, o irmão de Maria e Marta, adoeceu em Betânia. Suas irmãs mandaram participar a Jesus: "Senhor, aquele que amas está doente". Jesus disse: *"Essa doença não leva à morte, mas é para a glória de Deus, para que por ela seja glorificado o Filho de Deus"*. Todavia, ficou ainda dois dias naquele lugar. Disse depois a seus discípulos: *"Vamos novamente à Judeia! Nosso amigo Lázaro está dormindo, mas vou despertá-lo"*. Seus discípulos responderam-lhe: "Senhor, se ele está dormindo, certamente vai sarar". Pensavam que Jesus falava do sono natural, bom sinal até de recuperação. Então Jesus disse-lhes claramente: *"Lázaro morreu. E, por vossa causa, alegro-me por não ter estado lá, para que vós creiais. Mas vamos até ele"*.

Quando Jesus chegou a Betânia, já fazia quatro dias que Lázaro tinha sido sepultado. Muitos judeus vieram à casa de Marta e Maria, para consolá-las. Logo que Marta soube da vinda de Jesus, foi-lhe ao encontro e disse: "Senhor, se tivesses estado aqui, meu irmão não teria morrido". Jesus lhe prometeu: *"Teu irmão ressuscitará"*. "Eu sei" – disse Marta –"que ele ressuscitará na Ressurreição, no último dia". Jesus replicou: *"Eu sou a Ressurreição e a vida. Aquele que crê em mim, ainda que morra, viverá. E todo aquele que vive e crê em mim, não morrerá jamais. Crês nisso?"* E Marta: "Sim, Senhor! Eu creio que tu és o Cristo, o Filho de Deus, aquele que vem ao mundo". Dizendo essas palavras, Marta foi à casa e disse baixinho à irmã: "O Mestre está aí e te chama".

Maria levantou-se de imediato e, pressurosa, foi encontrar-se com Jesus. Os judeus que estavam com ela em casa pensaram que ela ia ao sepulcro para chorar. Ao chegar perto de Jesus, prostrou-se a seus pés e disse--lhe: "Se tivesses estado aqui, meu irmão não teria morrido". Quando Jesus viu as lágrimas e a tristeza dos que a acompanhavam, perguntou profundamente entristecido: *"Onde o colocastes?"* Eles informaram: "Senhor, vem e vê". Então Jesus chorou. Os judeus exclamaram: "Vede como ele o amava!"

O sepulcro era uma gruta cavada num rochedo, cuja entrada estava fechada por uma pedra. Quando Jesus chegou lá, mandou: *"Retirai a pedra!"* Então Marta observou: "Senhor, já está cheirando mal, pois já faz quatro dias!" Jesus advertiu: *"Não te falei que, se acreditares, verás a glória de Deus?"*

Abriram, então, o túmulo, Jesus levantou os olhos ao céu e disse: *"Pai, eu vos agradeço porque me ouvistes. Eu sabia que sempre me ouvis; mas falo assim por causa da multidão que me rodeia, para que creiam que vós me enviastes"*. Depois bradou em voz alta: *"Lázaro, vem para fora!"* No mesmo instante o morto saiu tendo os pés e as mãos ainda ligados por ataduras e o rosto coberto por um sudário. Jesus disse: *"Desamarrai-o e deixai-o andar"*.

O prodígio é prova antecipada da *Ressurreição* de Jesus. Faz-nos confiar nos misteriosos caminhos de Deus, pois, deixando o amigo morrer, Jesus reparou para este e as irmãs a maior alegria. Aqui aprendemos inclusive a não nos afastar precipitadamente de nossos amigos, quando parecem não corresponder a nossas expectativas. No episódio, Jesus chora a perda do amigo e ora: lições tocantes de seu divino Coração!

30

"Hosana ao Filho de Davi"
(Mt 21,9)

No começo da Semana Santa, e exatamente no Domingo de Ramos, comemoramos em nossas igrejas a entrada triunfal de Jesus em Jerusalém. Os usos dos ramos e a solene procissão encontram explicação no extraordinário acontecimento ocorrido no primeiro dia da semana da Paixão e Morte do Senhor. Vale a pena recordá-lo, nem que seja num breve resumo, na certeza, contudo, de melhor proveito com a leitura direta e meditada nos quatro Evangelhos: Mt 21,1-11; Mc 11,1-11; Lc 19,29-40; Jo 12,12-19.

"Quando se aproximaram de Jerusalém e chegaram a Betfagé, junto ao monte das Oliveiras, Jesus mandou dois discípulos, dizendo-lhes: *Ide até aquela aldeia que está a vossa frente e logo encontrareis uma jumenta amarrada, e com ela um jumentinho. Soltai-os e trazei-os para mim. E se alguém perguntar alguma coisa, respondei que o Senhor está precisando deles, mas os devolverá quanto antes'.* Isso aconteceu para que se cumprisse o que disse o profeta: 'Dizei à filha de Sião: Teu rei vem a ti modesto e montado numa jumenta, num jumentinho, filho de um animal de carga' (cf. Zc 9,9). Os discípulos foram e fizeram como Jesus lhes ordenara. Trouxeram a jumenta e o jumentinho, puseram sobre eles suas vestes e Jesus montou. A numerosa multidão estendia suas vestes pelo caminho; outros cortavam ramos de árvore e os espalhavam pela estrada. As multidões que iam à frente dele e as que o seguiam gritavam: 'Hosana ao filho de Davi! Bendito o que vem em nome do Senhor. Hosana no mais alto dos céus!'" *Hosana*, do hebraico, significa "Salve! Viva!".

"Quando ele entrou em Jerusalém, a cidade toda se agitou e perguntavam: 'Quem é este?' E as multidões respondiam:"Este é o profeta Jesus, de Nazaré da Galileia" (Mt 21,1-11).

Tendo Jesus chegado perto de Jerusalém, chorou sobre ela, prevendo-lhe a horrível destruição, porque seus compatriotas não o aceitaram como o prometido Messias. Jesus entrou no templo, começou a expulsar todos os que o profanavam, transformando-o de lugar de oração numa praça de mercado. Os príncipes dos sacerdotes e os escribas queriam matá-lo. O povo, pelo contrário, à vista dos milagres que ali mesmo operava, mais o aclamava, inclusive as crianças. Jesus ensinou durante o dia no templo. À tarde voltou com seus discípulos para Betânia, a uns três quilômetros de Jerusalém.

Jesus, o Messias, o Ungido do Senhor, um rei diferente!

Ele não ingressa na Cidade Santa cavalgando uma montaria suntuosamente ajaezada, nem transportado num carro esplendidamente ornamentado, precedido e cercado de guerreiros fortemente armados. Ele se apresenta montado num jumentinho e aclamado espontaneamente pelo povo. Seu reino não é realmente deste mundo, mas um reino implantado no coração de cada ser humano sob a forma de radical opção pela justiça, pelo amor e pela paz, daí se irradiando por todos os níveis sociais em obras de aperfeiçoamento e de felicidade para todo o gênero humano e destinado a perpetuar-se na Casa do Pai.

Diante dessas considerações, como se transforma para nós a cerimônia de Domingo de Ramos, início da Semana Santa, cujo desfecho é a *Ressurreição* de Jesus, após os horrores de sua paixão e morte?

31

O pranto de Jesus

É o dia da solene entrada de Jesus em Jerusalém. Ele se acha sobre o Monte das Oliveiras. Cercado de discípulos e do povo que o aclama. A visão sobre a Cidade Santa é deslumbrante. Jerusalém resplandece sob a luz do sol, vibrante de vida. As recordações de toda a história do povo de Deus, desde Abraão, passando pelos Juízes, o Rei Davi e Salomão, pelos grandes profetas, nela se concentram e, de modo especial, no Templo sagrado. Jesus contempla toda aquela magnificência, penetrando-lhe todo o significado. Ele, contudo, de um instante para outro estremece, seu coração se comove e Ele chora! *Dominus flevit*. O Senhor chorou.

Naquele momento, diante dos olhos proféticos do Mestre, o que se apresenta não é a magnificência que todos contemplam, mas a cidade inteira arrasada. Ensaguentada. Muros derrubados. Habitações por terra. O próprio Templo feito um montão de ruínas. Toda essa tragédia, fruto da resistência dos habitantes em aceitá-lo, a Ele, o Filho enviado pelo Pai eterno para a salvação dos judeus e de todo o mundo. Naquela cidade, dentre poucos dias, Jesus será condenado e morto.

Jerusalém simboliza o mundo e a humanidade que o Mestre chama constantemente para o amor, a salvação, mas que surda e cega avança para a guerra e a destruição. Nos lábios de Jesus o destino da Cidade Santa se confunde com "*o misterioso e contraditório caminho da história humana*".

"*Ah! Se ao menos neste dia tu também compreendesses como encontrar a paz!*" (Lc 19,42).

Quanto a nós, que instruídos pelo Mestre, sabemos que a última palavra será do bem, do amor, em suma, do Pai, vale insistir, sigamos-lhe a divina recomendação: "*Assim também, ficai alerta, porque não sabeis quando voltará o dono da casa: se de tarde, se à meia-noite, se de madrugada, se de manhã. Que não venha ele de improviso e vos encontre dormindo! E o que vos digo, digo a todos: ficai alerta!*" (Mc 13,35-37).

32

Último recurso

Todos os evangelistas narram o episódio da Purificação do Templo. Preferimos, contudo, a narrativa de João, como bem mais minuciosa e emocionante. Vamos ler com muito amor e admiração pelo Divino Mestre.

"Estava próxima a Páscoa dos judeus, e Jesus subiu a Jerusalém. No Templo encontrou gente a vender bois, ovelhas e pombas, e também cambistas em suas bancas. Com umas cordas fez um chicote e expulsou a todos do templo, com as ovelhas e os bois. Espalhou o dinheiro dos cambistas e derrubou suas mesas. Aos que vendiam pombas disse: *'Tirai daqui estas coisas! Parai de fazer da casa de meu Pai, um mercado!'* Seus discípulos então se lembraram de que está escrito: 'O zelo por tua casa me devorará' (Sl 69/68,10)" (Jo 2,13-17).

Esse episódio é de suma importância na vida de Jesus. Ele merece algumas considerações especiais.

Lembremos, antes de tudo, que a vendagem e o câmbio não eram realizados dentro do próprio santuário, mas no local ao redor do santuário, no qual até os pagãos podiam penetrar. De qualquer modo, porém, também aquele lugar fazia parte do conjunto do Templo, sendo assim também considerado como elemento do mesmo. Ali se realizava a venda dos animais e quanto fosse necessário para os sacrifícios. Ali também se operavam operações de câmbio para a obtenção da moeda especial própria do Templo, o siclo e suas frações. Negócios de alto valor, com a participação de toda a nação judaica. Boa parte dos lucros competia aos sacerdotes, saduceus em geral, e demais administradores corruptos do Templo. A exploração era tremenda. Ninguém tinha coragem de falar e muito menos de agir, com receio das autoridades. Jesus compreendeu que não valeria uma simples oposição verbal, urgia uma ação chocante, como há exemplo na história dos antigos profetas.

Que tristeza e que revolta sentia o adorável coração de Jesus para chegar a esses extremos! Quantas vezes terá observado os desmandos que ali, na casa de seu Pai, realizavam-se em nome da religião, envolvendo as maiores autoridades religiosas contemporâneas, até aquele dia em que de modo mais profundo ele deve ter sido atingido. Ele era o *Filho de Deus*, um com o Pai, dono com Ele daquela casa consagrada com solenidade ao Senhor.

Como homem, Ele se mostrou de uma coragem incomparável, ao lançar-se frontalmente contra os poderosos, reforçando com isso os motivos de sua condenação à morte.

Quão grande e maravilhoso se mostra nesse episódio nosso Mestre, pondo em risco a própria vida, demonstra o respeito que devemos à casa de Deus, que são nossas igrejas, por minúsculas que sejam, especialmente quando santificadas pela presença eucarística do próprio Jesus, Filho de Deus feito homem por nós.

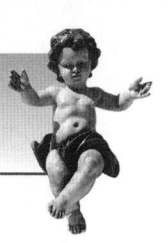

33

A questão do imposto

Ao aproximar-nos dos últimos dias de Jesus sobre a terra, vale recordar algo de seu ambiente humano para melhor apreciarmos, como numa retrospecção de inestimável valor, sua jornada terrena e seu ministério.

Grande pobreza. Impostos insuportáveis. Tensão de revolta contra Roma, que banha em sangue qualquer levante. Economia baseada na agricultura, com grandes proprietários, que aos poucos açambarcam as terras dos mais fracos. Pecuária, pescaria, artesanato.

Notável entre os grupos sociais, os fariseus eram, em geral, gente do povo, contrários a Roma, porém com resistência passiva, à diferença dos zelotes, terroristas. Como os fariseus não raro se mostravam desumanos quanto à observância estrita da Lei, cercavam-na de prescrições extras absurdas, e muitos não passavam de hipócritas, e encontraram em Jesus um incômodo adversário. Havia também os saduceus, que constituíam a maioria da classe sacerdotal e agiam como governantes, mesmo no sentido político quanto aos problemas internos, já que os problemas externos eram atribuição dos romanos. Os saduceus, ao contrário dos fariseus, não esperavam um Messias, nem acreditavam na Ressurreição dos mortos, nos anjos.

Notáveis também eram os doutores da Lei ou escribas, não especiais pelas posses, mas pelo saber, exercendo enorme poder sobre toda a população. Também os escribas, como os saduceus, tornaram-se justo alvo das invectivas de Jesus. Havia ainda os samaritanos, desprezados pelos judeus; eles ensinavam que se devia adorar a Deus no monte Garizim e não em Jerusalém. Merecem destaque também os essênios, com provável influência nos ensinamentos do Batista e até de João Evangelista; viviam perto do Mar Morto, numa vida semelhante à dos monges católicos, somente que alguns tinham família. Detestavam os sacerdotes do Templo. Famosas as descobertas sobre eles, desde 1947 (grutas de Qumrân).

À medida que se avizinhava o tempo marcado pelo Pai Celeste para a paixão e morte de Jesus, fariseus, sacerdotes, doutores da Lei, ressentidos com as pregações do Mestre e temerosos de um levante provocado por Ele contra o domínio romano, multiplicavam expedientes para incriminá-lo como subversivo. Esse foi o caso da famosa questão do imposto: "enviaram-lhe então alguns dos fariseus e dos herodianos, para o surpreenderem em alguma palavra. Vieram chegando e dizendo: *Mestre*, sabemos que és sincero e não dás preferência a ninguém, pois não julgas as pessoas pelas aparências, mas ensinas a verdadeira doutrina de Deus. É ou não lícito pagar o imposto a César? Devemos pagar, sim ou não?' Mas ele, percebendo a hipocrisia deles, disse-lhes: '*Por que estais querendo me provar? Trazei-me um denário para que eu o veja*'. Eles o trouxeram. Perguntou-lhes então: '*De quem é esta figura e a inscrição?*' Responderam-lhe: 'De César'. Então Jesus lhes disse: '*Devolvei a César o que é dele, mas dai a Deus o que é de Deus!*' E ficaram maravilhados com Ele" (Mc 12,13-17).

O denário era uma moeda no valor de uma jornada de trabalho agrícola. Nela estava impressa a imagem do imperador romano e dizeres a seu respeito.

Excelente bote dos adversários: se Jesus respondesse que deveriam pagar o tributo a César, seria apontado como antipatriota; se respondesse que não, seria preso como adversário de Roma. Eles admiraram a resposta do *Mestre*, mas já pensavam em outras armadilhas para arruiná-lo.

Deus seja louvado! A morte de Jesus seria a jornada para sua glorificação e nossa eterna felicidade.

34

"Fazei isto em memória de mim" (Lc 22,19)

Certamente, na Última Ceia de Jesus ocorreram cenas das mais impressionantes. Destacamos: a declaração, da parte de Jesus, de que havia um traidor entre os doze, com a consequente e aflita pergunta dos mesmos: "Sou eu, Senhor?" – inclusive de Judas, logo denunciado pelo Mestre; a cena tocante de Jesus agachado diante de cada um dos doze e lavando-lhes os pés, como se fosse um escravo cuidando do asseio dos pés de seu senhor, atitude essa que levou à dupla reação de Pedro, uma se opondo frontalmente a Jesus para que não lhe lavasse os pés e a outra pedindo a Jesus que lhe banhasse também as mãos e a cabeça, pois, conforme Jesus tinha ameaçado, se Pedro não o deixasse lavar-lhe os pés, teria suas relações cortadas com o Mestre.

Emocionante, igualmente, a despedida do Mestre com palavras em que tratava de amigos, de filhinhos, os apóstolos e afirmava que não os deixaria órfãos, mas lhes enviaria o Espírito Santo para os confortar e esclarecer sobre seus ensinamentos. Trata-se de cenas que merecem ser lidas com a maior fé e piedade em João (Jo 13—17).

Não resta dúvida, contudo, de que o ponto alto da Ceia da Despedida, narrado pelos evangelistas Mateus, Marcos e Lucas, bem como pelo Apóstolo Paulo, é a instituição da *repetição da própria Ceia como algo de permanente na vida dos cristãos até sua segunda vinda do Senhor.* E nós o vemos confirmado pelo Apóstolo Paulo. Aqui está na Primeira Carta do Apóstolo aos Coríntios, escrita no ano 56, dez anos antes dos Evangelhos, o relato mais antigo da divina instituição:

> Eu recebi do Senhor aquilo que, por minha vez, vos transmiti: o Senhor Jesus, na noite em que era traído, tomou o pão e, depois de dar graças, partiu-o e disse: "Isto é meu corpo, que é por vós. Fazei isto em memória de mim". Do mesmo modo, ao fim da ceia, ele tomou o cálice, dizendo: "Este cálice é a nova aliança em meu sangue. Todas as vezes que dele beberdes, fazei-o em memória de mim". De fato, toda vez que comerdes deste pão e beberdes deste cálice, anunciareis a morte do Senhor até que ele venha (1Cor 11,23-26).

35

"Como um cordeiro levado ao matadouro" (Is 53,7)

A melhor maneira para meditarmos sobre a paixão e morte de Jesus é lermos seu relato pelos evangelistas e refletirmos sobre este, depois de nos informar de algumas particularidades com base no próprio texto sagrado e nos costumes da época. Consideremos primeiramente que, durante o tempo em que Jesus ficou em poder da soldadesca, depois de penosa oração no Horto das Oliveiras em que agonizou e suou sangue, Ele foi insultado, escarrado no rosto, esbofeteado, alvo de socos e pauladas – da noite da prisão para o dia da morte – em casa de Anás, em casa de Caifás, genro deste e sumo sacerdote, no tribunal de Pilatos, procurador romano, no palácio do rei Herodes.

Diante de sua flagelação, só podemos estremecer. Despido e amarrado, Ele recebeu por todo o corpo uma quantidade enorme de golpes desferidos por dois algozes, com chicotes feitos de correias terminadas com ossos de animais ou peças metálicas. Depois dos primeiros golpes, o sangue brotava por todos os lados. A flagelação poderia ter como consequência a morte da vítima.

A seguir, nova forma de maus-tratos!

Fixa na mente dos carrascos a acusação de que Jesus se proclamara rei, uma ideia lhes acudiu: vesti-lo com um manto vermelho, como rei de palhaçada, cravar-lhe na cabeça uma coroa de espinhos, colocar-lhe na mão uma vara, como cetro real. Dito e feito. O "cetro", feito instrumento de tortura, serviu para dar fortes pancadas na coroa, fazendo os espinhos penetrarem mais e mais no coro cabeludo da cabeça de Jesus, região tão sensível do corpo.

O sol vai alto. É chegada a hora da viagem rumo ao Calvário, pequena elevação fora da cidade, com uma estrada passando por perto e com uma saliência parecida com um crânio humano, sendo, por isso, chamado de Calvário, caveira. Jesus, empurrado pelos algozes, tem de caminhar por cerca de 600 m ou 700 m, carregando nas costas a haste transversal da cruz, atravessando ruas apinhadas de gente antes de ultrapassar os muros da cidade. Ele está tão abatido pelos golpes recebidos e pela perda de sangue, que depois de andar um pouco, e ter caído, os soldados convocam um camponês, Simão Cireneu, e o obrigam a levar a cruz no lugar de Jesus.

O que aconteceu no alto do Calvário pode perfeitamente ser reconstituído como segue. Os carrascos lhe arrancam as roupas, fazem-no deitar e, com um prego, atravessam-lhe uma das mãos, provavelmente na região firme do carpo, cravando o prego na haste transversal da cruz. Depois, esticando bem os braços, fazem o mesmo com a outra mão. Assim é levantado no ar por dois homens, pendente da haste transversal, e esta é encaixada na parte superior da outra, vertical, já fincada no chão, como de costume. Depois, os algozes transpassam-lhe os pés e os cravam na haste vertical.

Impossível imaginar os incalculáveis sofrimentos de sua morte. Para respirar Ele tem repetidas vezes de se erguer, apoiando-se no cravo dos pés, e baixando logo mais, até não ter mais forças. Cãibras indescritíveis.

Maria, sua Mãe, João e as santas mulheres observam com o coração partido de dor que Ele agoniza. Ouvem-lhe as últimas palavras: de perdão, de sofrimento, de oração, a entrega de Maria a João para que Ele tome conta dela, como Mãe.

A morte ocorre então por diversas causas, segundo especializados pesquisadores, incluindo asfixia e, provavelmente, rompimento do coração por enfarto.

"Tudo está consumado."

Ó, Bom Jesus, tua missão, tua morte foram tua prova de amor por nós até o fim, até os extremos da entrega e do sofrimento.

36

"Não me abandonareis na mansão dos mortos"

(Sl 16/15,10; At 2,27)

José de Arimateia, discípulo oculto de Jesus, por medo dos judeus, obtém de Pilatos a autorização para sepultar o cadáver do querido Mestre, direito negado aos condenados à morte. Nada mais a fazer; Ele estava realmente morto, como constataram os soldados que, com marretas, quebraram as pernas dos dois ladrões para que morressem mais depressa, procedimento que não realizaram com Jesus. Mesmo assim, um centurião romano, para maior certeza, transpassou-lhe o lado direito com uma lança, perfurando-lhe o coração, de onde jorrou sangue e água segundo o testemunho de João (Jo 19,34); "água", a saber, "soro", como especifica hoje a ciência.

Os quatro evangelistas descrevem sucintamente o sepultamento do cadáver do Mestre e, para aproveitarmos quanto possível de seus depoimentos, vale a pena apreciar o relato conjunto que encontramos no livro: *Um só Evangelho ou Harmonia dos Evangelhos*, do padre Leo Persch:

Depois disso (os fatos que acabamos de apreciar), um homem foi ter resolutamente com Pilatos e pediu permissão para tirar o corpo de Jesus; chamava-se José, natural de Arimateia, cidade da Judeia, homem rico, razoável e justo; era também membro ilustre do conselho do estado da Judeia. Ele não aprovara o plano e o procedimento dos judeus; era também discípulo de Jesus mas oculto, por medo dos judeus, e esperava também o reino de Deus.

Pilatos, por sua vez, admirou-se de que Jesus já tivesse morrido; pelo que chamou o centurião e perguntou se realmente já tinha morrido. Certificado pelo centurião, deu permissão a José e mandou que lhe fosse entregue o corpo.

Ao cair da tarde, chegou José de Arimateia, após ter comprado um pano de linho. Também Nicodemos, aquele que certa noite fora ter com Jesus, veio e trouxe uma mistura de mirra e de aloés, no valor aproximado de cem libras.

Eles arriaram o corpo de Jesus e o amortalharam no tecido de linho branco, juntamente com os aromas, como os judeus costumam sepultar. Junto ao lugar da crucifixão havia um horto, no qual estava o sepulcro de José, recentemente escavado na rocha, no qual ainda não fora sepultado ninguém. Aí depositaram Jesus, visto que o sepulcro ficava perto e porque, sendo dia da preparação da Páscoa dos judeus, o sábado estava para começar. Rolaram uma grande pedra à entrada do sepulcro e retiraram-se.

Compareceram também no lugar as mulheres que tinham vindo com Jesus desde a Galileia: Maria Madalena e a outra Maria, mãe de José; sentaram-se diante do sepulcro, para verem o lugar em que depositavam o corpo de Jesus. Depois voltaram e, no sábado, descansaram, segundo a Lei.

Um sepulcro, no qual ninguém havia ainda sido sepultado; cerca de cem libras, isto é, uns 33 kg de perfume... Uma forma de sepultar própria dos reis! Mesmo sob a tremenda pressão do sofrimento, do fracasso com a morte do Mestre, alguma coisa dizia àqueles discípulos que não estava tudo acabado! E sabemos que tinham razão, pois segundo o salmo repetido por São Pedro em seu sermão no dia de Pentecostes, *"não me abandonareis na mansão dos mortos, nem permitireis que vosso Santo experimente a corrupção"* (At 2,27).

37

"Aleluia! Ele não está aqui, mas ressuscitou" (Lc 24,6)

Naquele alvorecer do domingo da Ressurreição, expressões não existem que possam descrever o tumultuar das emoções na alma dos discípulos e das piedosas mulheres que vinham acompanhando Jesus desde a Galileia. O cadáver do Mestre tinha sido colocado nas entranhas da terra, sepultando, assim, todas as esperanças de seus seguidores, animados agora apenas pelo amor a Ele, um amor que nada podia destruir.

Nessa manhã, contudo, o céu pareceu abrir-se para a terra com anjos vestidos de branco aparecendo no sepulcro vazio e avisando que Ele havia ressuscitado, não estava mais ali. Alguém tripudiando de alegria por saber que *o Mestre está vivo*!

Alguém com tênue raio de esperança, aceso pelas santas mulheres que afirmam tê-lo visto, continua nas garras da dor e pela descrença. Pedro e João, alertados por Maria Madalena, correm ao sepulcro e lá encontram somente os panos que envolveram o corpo de Jesus e o sudário dobrado à parte. Nem Jesus, nem anjos! João, contudo, mesmo assim, pelo que acaba de observar no interior do sepulcro, sente surgir no íntimo a fé no Ressuscitado.

No entanto, entre todos os encontros com o Mestre, naquela manhã, em seu novo estado de vida, o encontro com Maria Madalena é dos mais emocionantes. Ela, Maria, mãe de Tiago, e Maria Salomé tinham ido já bem cedo ao sepulcro e o encontrado vazio, com a pedra retirada. Apavoraram-se com o aparecimento de um anjo vestido de branco e este lhes assegurou que Jesus havia ressuscitado. Maria Madalena, depois de procurar a Pedro e João e lhes contar o ocorrido, retorna ao sepulcro, extremamente perturbada pelo desaparecimento do adorado Mestre.

Com a palavra, João, em tocante relato:

> Maria estava chorando perto do túmulo, do lado de fora. Enquanto chorava, inclinou-se para o túmulo e viu dois anjos vestidos de branco, sentados, um à cabeceira, outro aos pés do lugar onde tinha estado o corpo de Jesus. Eles lhe perguntaram: "Mulher, por que estás chorando?" Respondeu-lhes: 'Porque levaram meu Senhor, e não sei onde o puseram...' Dizendo isto, voltou-se para trás e viu Jesus de pé, mas não sabia que era ele. Disse-lhe Jesus: "Mulher, por que estás chorando? A quem procuras?' Pensando que fosse o jardineiro, ela lhe disse: 'Senhor, se foste tu que o levaste, dize-me onde o puseste, para que eu vá buscá-lo". Disse-lhe Jesus: 'Maria!' Ela, voltando-se, disse-lhe em hebraico:"Rabbuni!", que significa "Mestre". Disse-lhe Jesus: "Não me segures,

pois ainda não subi para o Pai. Mas vai procurar meus irmãos e dize-lhes: Subo para meu Pai e vosso Pai, meu Deus e vosso Deus". Maria Madalena foi anunciar aos discípulos:"Vi o Senhor', e contou o que ele disse (Jo 20,11-18).

Depois, ainda naquela manhã, Ele aparece às piedosas mulheres, que chegam a beijar-lhe os pés.

"*Aleluia! O Senhor ressuscitou!*" Assim cantam, por toda parte, milhões e milhões de cristãos, séculos afora.

Ele ressuscitou! Ele está vivo! Jesus, nosso Amigo, nosso Mestre, nosso Salvador, nosso Senhor, nosso Criador, nosso Emanuel (Deus conosco), fonte de Água Viva a jorrar dentro de nós por toda a eternidade.

38

"Vimos o Senhor" (Jo 20,25)

A manhã da Ressurreição do Senhor, acabamos de ver, foi alegremente sacudida com os aparecimentos de anjos e do próprio Jesus ressuscitado. Aconteceu inclusive aquela cena tão emocionante do encontro com a Madalena. Era o começo de uma série de outros encontros então e no correr de mais 40 dias em que o Senhor, de vez, regressaria para o Pai.

Das aparições no dia da Ressurreição, destaca-se aquela aos dois discípulos que, à tarde, se dirigiam de Jerusalém à aldeia de Emaús, distante uns 12 km. Profundamente tristes e decepcionados, eles comentavam a morte de Jesus na cruz e, como tendo esperado que Ele restaurasse o reino de Israel, já no terceiro dia de seu sepultamento nada acontecera, nada significando para eles as declarações de algumas mulheres que afirmavam terem visto, no sepulcro vazio, anjos que declaravam estar Ele vivo. De repente, aparece entre os dois um desconhecido que os repreende pela incredulidade e lhes explica, citando trechos das Escrituras, que todo aquele sofrimento, o aparente fracasso estavam previstos pelos profetas como condição para o esperado Messias chegar a sua glória. Às portas de Emaús, o desconhecido faz menção de continuar sua viagem. Eles não o deixam partir, mostrando como o sol declinava e escurecia. Dentro da casa é servida uma refeição; o estranho pega o pão, abençoa-o e o divide com eles. No momento os olhos se lhes abrem: era o próprio Jesus... que, no mesmo instante, desaparece! Atônitos, um olhava para o outro, exclamando: "Não é verdade que nosso coração ardia em nós quando ele nos falava pelo caminho e explicava as Escrituras?" Então correram para Jerusalém a fim de relatar aos onze o acontecido (Lc 24,13-35).

E os encontros se sucederam! Aqui uma lista do apóstolo Paulo:

> O que vos transmiti foi, em primeiro lugar, o que eu recebi: que Cristo morreu por nossos pecados, cumprindo as Escrituras, que foi sepultado e que ressuscitou ao terceiro dia, cumprindo as Escrituras, que apareceu a Cefas e mais tarde aos Doze. Depois apareceu a mais de quinhentos irmãos de uma vez, a maioria dos quais ainda vive, enquanto alguns já morreram. A seguir apareceu a Tiago e depois a todos os apóstolos. Por último de todos, apareceu a mim, como a alguém nascido fora de tempo. Realmente sou o menor dos apóstolos; nem mereço o nome de apóstolo, porque persegui a Igreja de Deus (1 Cor 15,3-9).

E passaram os quarenta dias determinados pelo Pai. A comunidade instituída por Jesus estava preparada para o último e decisivo retoque a vir com a descida do prometido Consolador, o Espírito Santo, 50 dias após a Ressurreição do Mestre. Ele dera aos apóstolos o poder de perdoar e reter pecados; a Simão, cujo nome tinha mudado para *Kepha*, que significa Pedro rocha, escolhera como rocha inabalável na construção de sua Igreja; aos 11, com o poder que do Pai recebera, tinha enviado a todos os povos para que os evangelizassem e batizassem: "*Em nome do Pai, do Filho e do Espírito Santo*". E, concluindo: "*E eu estou convosco todos os dias, até o fim do mundo*" (Mt 28,19-20).

E chegou a hora da despedida da presença visível do adorado Mestre, estupendo acontecimento que nos domingos, na Santa Missa, proclamamos em nossa profissão de fé: "*Subiu aos céus; está sentado à direita de Deus Pai todo-poderoso, donde há de vir a julgar os vivos e os mortos.*"

39

As antigas escrituras
à luz da ressurreição

Algo completamente diferente é ler os livros do Antigo Testamento com os olhos de piedosos judeus que, por exemplo, não creem ainda em Jesus como o prometido Messias e os ler com os olhos dos que veem em Jesus a concretização das profecias aí registradas e especialmente com os olhos dos apóstolos, de todos que foram testemunhas oculares da gloriosa Ressurreição do Senhor. Para estes, as páginas da Torá, dos Profetas, os Escritos, a Bíblia dos judeus, recebem da Ressurreição de Jesus um clarão refulgente que as ilumina de fora a fora.

Evidentemente, essa transformação acontece ainda hoje com todos que abraçam a fé cristã, mas o impacto mais vigoroso foi justamente sobre as testemunhas oculares do Senhor Ressuscitado e, certamente, também dos que conviveram com elas e se deixaram sacudir por seu entusiasmo, sob a ação do Espírito Santo. Na verdade, o sepultamento de Jesus após a morte na cruz, sem a prometida Ressurreição, seria o sepultamento do cristianismo. Que noite horrível para a Virgem Maria, os seguidores do Mestre, aquela da Sexta-feira da Paixão; também o sábado todo; também o domingo, pelo menos em parte após a crucifixão, a morte e sepultamento do querido Mestre, aquele homem extraordinário capaz de aplacar tempestades, expulsar demônios, ressuscitar mortos. De repente, tudo pelo chão. Em que foi acabar o decantado Reino de Deus sobre o qual o Mestre falava com tamanho entusiasmo? Mas, de outro lado, como descrever a emoção, por exemplo, dos dois discípulos de Emaús, naquela tarde no domingo da Ressurreição, com uma corrida ansiosa até Jerusalém, para dizerem aos apavorados e tristes apóstolos e companheiros: "Vimos o Senhor?" (Lc 24,13-35; Jo 20,25).

Na verdade, nesse episódio dos dois discípulos de Emaús, o próprio Jesus apelou para Moisés e todos os profetas, para mostrar-lhes que tudo pelo que Ele passou já estava ali registrado, renovando-lhes a fé, relata Lucas. Mas, uma vez evidenciada pela gloriosa Ressurreição, a realização das profecias e todas as páginas do Antigo Testamento começaram a brilhar com novo resplendor.

Eloquentes constatações da incidência transformadora da luz da Ressurreição sobre as páginas do Antigo Testamento encontramos, por exemplo, em Mt 2,1-12; 3,3; Jo 2,17; Lc 4,18-19; Mt 21; 26,31; 27,3-10; Mc 15,28; Jo 19,24; 19,36-37; At 2,14-36. Dessa forma, à luz da Ressurreição, antigos textos estremecem de nova vida como uma flor emurchecida que de repente recebe novo vigor.

40

"Não vos deixarei órfãos" (Jo 14,18)

"Não vos deixarei órfãos: voltarei para vós" (Jo 14,18).

Essa é a magnífica promessa de Jesus a seus discípulos no discurso por ocasião da Ceia da despedida. Diante da tristeza imensa que já lhes enchia o coração e na perspectiva das alegrias que os aguardavam, Ele usou a estupenda comparação do sofrimento da mulher antes do parto e sua felicidade ao ter dado à luz um ser humano (Jo 16,21-22). Mais uma honrosa distinção conferida por Jesus à mulher, pela comparação!

E Ele cumpriu esplendorosamente o prometido:

> Ao chegar o dia de Pentecostes, todos estavam reunidos no mesmo lugar. De repente, veio do céu um ruído semelhante a uma forte ventania e encheu toda a casa onde estavam. E apareceram-lhes línguas como de fogo, que se repartiam, pousando sobre cada um deles. Todos ficaram cheios do Espírito Santo e começaram a falar em outras línguas, conforme o Espírito lhes concedia se expressar (At 2, 1-5).

O fato se deu na festa de Pentecostes, quando numerosos judeus vindos de todo o mundo mediterrâneo comemoravam a Aliança do Senhor no Sinai, por meio de Moisés, mais de um milênio atrás. A descida do Espírito Santo era a confirmação da Nova Aliança com Jesus por mediador.

O fato de os apóstolos se fazerem entender então por povos das mais diversas línguas contrasta com a confusão ocorrida com a desatinada construção da torre de Babel, quando pela confusão dos idiomas ninguém mais se entendia. O cristianismo quer justamente trazer o contrário: a união de todos os povos mediante a *Linguagem do coração, do amor*, essência dos ensinamentos de Jesus.

Até aquele momento, não obstante os repetidos aparecimentos do Mestre, após sua Ressurreição, os apóstolos andavam apavorados com as possíveis represálias dos judeus e dos romanos. Agora, porém, ao sopro do Espírito Santo, o comportamento deles muda radicalmente. E Deus confirma suas atividades missionárias por meio de numerosos prodígios. Com a primeira pregação de Pedro, no mesmo dia de Pentecostes, três mil judeus pedem o batismo e pouco depois, em seguida a outra pregação, cinco mil se tornam cristãos. Como a pequenina semente de mostarda da parábola evangélica, a qual brota e se transforma numa árvore capaz de acolher as aves do céu, com seus ninhos, a modesta comunidade dos seguidores de Jesus vai desenvolver-

-se e expandir-se por todos os quadrantes da Terra. A atuação missionária dos apóstolos, nomeadamente São Paulo em suas quatro viagens, foi decisiva.

Em breve, a Igreja se expande pela Ásia, a Europa, todo o Império Romano. Prisões, açoites, condenação a vários gêneros de mortes cruéis por iniciativa de poderosos inimigos do nome de Jesus foram o preço a pagar pelos primeiros missionários ou simples seguidores do Divino Mestre. O Imperador Nero, por exemplo, além de outras desumanidades, chegou a fazer cristãos arderem como tochas para iluminar os espetáculos da arena romana. Multidões de mártires, entre homens, por exemplo os apóstolos todos, exceto São João, o diácono Santo Estevão apedrejado e tantos mais. Foi somente no ano 313, com o Edito de Milão pelo Imperador Constantino, que a Igreja começou a fruir da liberdade em toda a vastidão do Império Romano. E de então até hoje, sob o impulso do Espírito Santo, ela avança firme pelos séculos, ora dando autêntico testemunho de seu Divino Fundador, ora nem tanto, segundo o grau de sua docilidade ao sopro de Pentecostes. O mesmo sucede com relação aos cristãos individualmente, devendo-se, ora deplorar o mau procedimento daqueles que, como o joio infestam a divina seara, ora enaltecer a conduta de pessoas maravilhosas que com seu exemplo e atuação honram a Jesus e beneficiam a humanidade.

Hoje, contudo, a humanidade estarrecida começa a colher os amargos frutos de seu afastamento, como um todo, do Espírito de Pentecostes, das diretrizes do Evangelho de Jesus, a saber, "a busca primeiro do Reino de Deus e de sua Justiça", deixando-se levar, ao contrário, pelo egoísmo, pela ânsia desenfreada dos bens terrenos. O ar e as águas se acham mais e mais poluídos; a terra se aquece; as florestas são devastadas; as aves, os peixes, diversas outras espécies animais e vegetais desaparecem; na comunidade humana os lares se desmoronam; os jovens privados da educação no lar voltam-se para as drogas e a criminalidade; armas atômicas de destruição em massa ameaçam passar mais e mais para as mãos de chefes de nações irresponsáveis e de terroristas suicidas.

Por isso, com um olhar angustiado, mas cheio de esperança, voltado para o Alto, nossa morada, sentimo-nos impelidos a repetir com os primeiros cristãos:

Maranatha!

Vinde, Senhor Jesus! Vinde, Senhor Jesus!

Salvai a humanidade em perigo, salvai-nos, com vosso amor, com vossos ensinamentos, fazendo-nos experimentar mais uma vez o infinito poder do vosso Espírito. Somente Ele é capaz de tocar o mais profundamente os corações e renovar a face de terra. Vinde, Senhor Jesus!

Referências bibliográficas

BALANCIN, Martins Euclides. *História do povo de Deus*. São Paulo: Paulus, 1990.

BAUDLES, Geord. *A figura de Jesus nas parábolas*. Aparecida: Santuário, 1991.

BÍBLIA. Italiano. *La sacra Bibbia*. GAROFALO, Salvatore Mons. 3 v. Itália: Marietti, Editrice COR UNUM, Figlie della Chiesa, 1960.

CARTER, Warrent. *O Evangelho de São Mateus*. São Paulo: Paulus, 2002.

CHAMPLIN, Russell Norman, Ph.D. *O Novo Testamento interpretado versículo por versículo*. São Paulo: Milenium Distribuidora Cultural Ltda, 1983, 6 v.

GHIBERTI, Giuseppe e outros da Comissão Científica. *Jesus*. 3 v. Rio de Janeiro: JB Indústrias Gráficas, 1986.

GOWER, Ralph. *Usos e costumes dos templos bíblicos*. Rio de Janeiro: Casa Publicadora das Assembleias de Deus, 2002.

HENDRIKSEN, William. *Mateus*. 2 v. São Paulo: Editora Cultura Cristã, 2001.

JEREMIAS, J. *As parábolas de Jesus*. São Paulo: Paulus, 1986.

KISTEMARKER, Simon. J. *As parábolas de Jesus*. São Paulo: Casa Editora Presbiteriana, 1992.

MCKENZIE, John L. *Dicionário bíblico*. São Paulo: Paulus, 1983.

MCLAUGHLIN, John L. *Parábolas de Jesus*. São Paulo: Editora Ave-Maria, 2007.

MESTERS, Carlos e Mercedes Lopes. *Caminhando com Jesus*. São Paulo: Paulus, 2003.

PERSCH, Leo. *Um só Evangelho ou harmonia dos Evangelhos*. Campinas: Raboni, 1996.

ROPS, Henri Daniel. *A vida diária nos tempos de Jesus*. São Paulo: Sociedade Religiosa Edições Vida Nova, 1983.

SÁNCHES, Tomás Parra. *Os tempos de Jesus*. São Paulo: Paulinas, 1996.